13894

RECUEIL
DE
CHANSONS
ROMANCES
CHANSONNETTES, SCÈNES COMIQUES

L'éditeur déclare se réserver les droits de reproduction et de traduction à l'étranger.

Ce volume a été déposé au Ministère (direction de la Librairie), le   186

ALBUM
DU
GAI CHANTEUR

TOME TROISIÈME

PARIS

A. HURÉ, LIBRAIRE-ÉDITEUR

14, rue du Petit-Carreau, 14

1861

RECUEIL

DE

CHANSONS

ROMANCES

CHANSONNETTES, SCÈNES COMIQUES

L'éditeur déclare se réserver les droits de reproduction et de traduction à l'étranger.

Ce volume a été déposé au Ministère (direction de la Librairie), le   186

ALBUM

DU

GAI CHANTEUR

TOME TROISIÈME

PARIS

A. HURÉ, LIBRAIRE-ÉDITEUR

14, rue du Petit-Carreau, 14

ALBUM DU GAI CHANTEUR.

LES FICELLES DU MONDE

CHANSONNETTE.

Paroles d'Émile DURAFOUR,

Musique de Marc JANDAR.

La Musique se trouve chez **A. HURE**, libraire-éditeur, à Paris, rue Dauphine, n° 44, près le Pont-Neuf.

Le monde est une corderie,
Car la ficelle est notre amie ;
On voit que, dans chaque métier,
L'homme veut devenir cordier,
C'est le refrain du monde entier.
    Ficelle, ficelle,
    Méthode la plus belle.
    Sans ficelle on n'a pas
    Le bonheur ici-bas.

Dans cette élégante toilette,
Voyez passer cette coquette
Couverte de soie et de fleurs ;
Elle a de fort belles couleurs
Que l'on vend chez les parfumeurs.
    Ficelle, etc.

Album du Gai Chanteur. — 3ᵉ vol. 41ᵉ Livraison

Nos tailleurs qui ne sont pas chiches,
Nous écrasent de leurs affiches,
Qui nous disent : Venez chalands,
Nous vendons de beaux vêtements
Pour une vingtaine de francs.
  Ficelle, etc.

Bon mari, dans votre ménage,
Évitez, mon conseil est sage,
Les jeunes amis trop galants,
Qui vous comblent de compliments,
Puis qui caressent vos enfants.
  Ficelle, etc.

Sur l'affiche, un nom en vedette
Assure souvent la recette ;
Le public dit, en se foulant :
L'acteur doit avoir du talent,
Puisque son nom est le plus grand !
  Ficelle, etc.

(Le chanteur feint d'être enrhumé, il tousse.)

J'aurais dû m'y prendre d'avance
Pour réclamer votre indulgence :
Tout à coup je suis enrhumé.
Sapristi ! que je suis vexé !
C'en est fait, me voilà rasé.

(PARLÉ.) J'espère, messieurs, que vous serez assez bon pour m'excuser si je tire un peu la...

  Ficelle, ficelle,
  Méthode la plus belle.
  Sans ficelle on n'a pas
  Le bonheur ici-bas.

LES CANOTIERS DU LA-I-TOU

CHANSON.

Paroles d'Arthur LAMY.

AIR : *Il était un canot.* (Canotiers de la Seine.)

Est-il au monde entier
Un plus joyeux métier
Que celui d' canotier?
Il vaut l' métier d' rentier.
La-i-tou, tra la la la la, la-i-tou tra la, etc.

Légèrement sur l'eau,
Dans un joli canot,
Filer comme l'oiseau,
C'est le sort le plus beau. — **La-i-tou, etc.**

Nous sommes douze à bord,
Contents de notre sort,
Et nous chantons d'accord
Plus fort qu'un fort ténor. — **La-i-tou, etc.**

Louvoyant à travers
Les vagues et les airs,
On ne voit dans nos mers
Aucuns pays déserts. — **La-i-tou, etc.**

Vous allez tout là-bas
Voir un sauvage, hélas !
Chez nous, sous les lilas,
La beauté ne l'est pas. — **La-i-tou, etc.**

N'allez pas au Congo,
L'on y boit que de l'eau,
Les vins de côteaux
Valent ceux de Porto. — **La-i-tou, etc.**

Le requin, sans façon,
Croque un homme, dit-on,
Ici nous préférons
La friture des goujons. — **La-i-tou, etc.**

Sans trésors du Pérou,
Et parfois sans le sou,
On boit comme des trous,
En chantant comm' des fous. — **La-i-tou, etc.**

COMME ON FAIT SON LIT

CHANSON.

Paroles et Musique de

Jules GAVELOT.

La Musique se trouve chez A. HURÉ, libraire-éditeur, à Paris, rue Dauphine, n° 44, près le Pont-Neuf.

Il faut s'entr'aider, c'est le verbe
Du Christ à l'univers peuplé ;
Vous le savez, petit brin d'herbe
Peut devenir épi de blé.
L'égoïste, que rien ne touche,
Dit, en voyant la pauvreté :
Comme on fait son lit on se couche... } bis.
Non, ce n'est pas la vérité !

Quand un mendiant en guenilles
Tend la main à chaque passant,
On ne songe pas aux béquilles,
A l'âge du pauvre impuissant ;
Mais on dit, l'injure à la bouche,
En refusant la charité :
Comme on fait son lit on se couche... } bis.
C'est blasphémer l'humanité !

Le pauvre diable, en sa misère,
Est tout vivant enseveli ;
Si par hasard s'emplit son verre,
De grand cœur il y boit l'oubli.
Puis le pavé devient sa couche,
Et du passant il est heurté :
Comme on fait son lit on se couche... } *bis.*
Est-ce là de la charité ?

Le parvenu, dans l'opulence,
Croit qu'il en fut toujours ainsi.
Il s'écrie, avec insolence :
Par mon talent, j'ai réussi.
Qui sait si mon passé fut louche
En voyant ma prospérité :
Comme on fait son lit on se couche... } *bis.*
Non, ce n'est pas la vérité !

Galilée a son lit de paille,
Homère n'a que son bâton,
Et l'ignorance fait ripaille
Quand Socrate boit le poison.
On s'incline devant Cartouche,
S'il montre de l'habilité :
Comme on fait son lit on se couche... } *bis.*
Serait-ce donc la vérité ?

SUZETTE

Air : *La Boulangère a des écus.*

La boulangère a des écus,
    Point n'en a ma Suzette,
Mais au bonheur combien d'élus
    N'ont pas ronde cassette.
A l'amour donnant le dessus,
    J'ai préféré Suzette
        Aux écus,
    J'ai préféré Suzette.

Du luxe opulent d'un château,
    Vierge est notre chambrette ;
De toile blanche est le rideau,
    De paille est la couchette ;
Mais les pleurs y sont inconnus.
    J'ai préféré Suzette
        Aux écus,
    J'ai préféré Suzette.

Ma Suzette n'a ni bijoux,
    Ni rieuse soubrette ;
Moi seul, de mon bonheur jaloux,
    Préside à sa toilette ;
Et j'y gagne un baiser de plus.
    J'ai préféré Suzette
        Aux écus,
    J'ai préféré Suzette.

La joie, au foyer, chaque soir,
    A nos fronts se reflète :
En Espagne aussi notre espoir,
    D'un château fait l'emplette ;
L'illusion fuit les Crésus.
    J'ai préféré Suzette
        Aux écus,
    J'ai préféré Suzette.

Au nom de l'hymen, aujourd'hui,
    On marchande, on projète :
On s'entend dès que l'or a lui,
    Et d'emblée on achète.
Trop fier pour encenser Plutus.
    J'ai préféré Suzette
        Aux écus,
    J'ai préféré Suzette.

                PEYNOT.

TURLUTUTU

CHANSON.

Air : *du Mirliton.*

En avril ou décembre,
Me trouvant n'importe où,
Risque à m' casser un membre,
Je courais comme un fou ;
Chacun m' disait : Turlutur,
Où vas-tu, Turlututu ?
— Ça n'est pas chez vous, bien sûr,
Que j' réponds d'un ton bourru,
En montrant mon turlutur,
En montrant turlututu,
 En montrant mon tur,
  Mon lu,
  Mon tu,
  Turlututu.

Chez notre apothicaire,
Dans la rue Aumair', deux,
Sachez qu' ma ménagère
M'envoya de mon mieux
Prendre un joli turlutur,
Un joli turlututu ;
Vous sentez qu'au pied du mur,
J' fus forcé d' m'avouer vaincu,

Et d' prêter mon turlutur,
D' prêter mon turlututu,
  De prêter mon tur,
    Mon lu,
    Mon tu,
     Turlututu.

  Je poursuivis ma route
  Sans r' garder où j'allais;
  Vous devinez sans doute
  Pourquoi tant je m' pressais.
Chacun criait : Turlutur !
Arrêtez, Tulututu !
Mais le fruit n'étant pas mûr,
Je courais comme un perdu,
En serrant le turlutur,
Serrant le turlututu,
  En serrant le tur,
    Le lu,
    Le tu,
     Turlututu.

  Mais, vous allez voir comme
  J'ai toujours du guignon ;
  J' suis pourtant un bon homme,
  On dit même un Jean bon.
De la maison Turlutur,
J'approchais turlututu,
V'là que la rou' d'un' voitur',
Sans que j' m'en fusse aperçu,
M' fit tomber sur mon turlur,
Tomber sur turlututu,
  Tomber sur mon tur,
    Mon lu,
    Mon tu,
     Turlututu.

Je repars de mêm' sorte
Que si l' diabl' m'emportait ;
J'arrive devant ma porte,
J' vais soulever le loquet...
En ce moment, Turlutur,
Ma femme, Turlututu,
Par le trou de la serrur'
Avec son cousin j' l'ai vu
Qui jouait du turlutur,
Jouait du turlututu,
  Qui jouait du tur,
    Du lu,
    Du tu,
  Turlututu.

Puisqu'il faut un' morale
Propre à chaque sujet,
Par un' chance fatale,
Si besoin en était,
Prenez chez vous turlutur,
Un bouillon turlututu,
Votre femm', c'est presque sûr,
Ne vous fera plus... bossu,
En jouant du turlutur,
Jouant du turlututu,
  En jouant du tur,
    Du lu,
    Du tu,
  Turlututu.

Maxime GUFFROY.

ÉVADONS-NOUS,
V'LA LA COMÈTE.

Plaintes, Lamentations, Jérémiades
Du sieur ÉPINETTE-GINGEMBRE MOUDEVEAU,
Cordonnier en vieux, rue de la Lune,
Recueillies par la Cardeuse de matelas du dessous,
Et narrées par **POUZOL**.

Air : *De l'infusion des Omnibus.*

Le chanteur arrive les yeux fermés comme s'il dormait, en criant (PARLÉ) : A la garde ! à la garde ! arrêtez-là ! tenez, la voyez-vous là-haut ? tout là-haut ! vous me demandez qui il faut arrêter, caporal ? mais elle, l'effrontée, la scélérate ! la comète de 1857, qui vient de me donner un coup de *nageoire* dans l'*cule*. (*Il s'éveille.*) Que je suis bête ! ces farceurs d'*astrologes*, avec leurs *prédilections*, me font voir des étoiles en plein midi.

REFRAIN.

Dieu ! quel astre,
Quel désastre !
Eh ben ! c'est gentil,
C'te comète,
Qui s'apprête
A vous mettre sus l' gril.
Pataraq',
Tout s' détraq',
D' crainte d'événement,
J' vas faire mon testament.

Un savant connu
Qui voit l' ciel à nu,
Dans une grand' lorgnette,
A dit, l'autr' matin :
Que le treiz' de juin
Notre affaire serait nette.

(PARLÉ.) — C'est que c'est vrai qu'il l'a dit !... y en a qui rient de cela, qui demandent comment la comète viendra ! par quelle voie ? mais tout un chacun sait bien que la comète était naguères à *Saint-Franciscoffre*... Consultez les *consternations* du *fermament*, vous verrez qu'elle est *Venus* de *Saturne* en *Mars*... qu'elle a attelé la *Grande Ourse* au *Charriot* et qu'elle suit la *Voie lactée*. (*Avec satisfaction.*) Ah! seulement, quoi qu'en disent les armanachs : c'est pas le treize juin qu'elle doit arriver... Non ! elle a annoncé qu'elle viendrait le *vingt* ; nous verrons ce que MM. les astrologes diront du vingt de la comète.

   Je perds l'appétit
   Quand j'entends l' récit
   D' ces histoires lamentables ;
   Sur mon oreiller,
   Si j' veux sommeiller,
   J' fais des rêves effroyables.

(PARLÉ.) — Tenez: hier, (qu'est pas vieux), j' m'étais couché à ménuit, quart moins... j'avais pris seulement trois assiettes de soupe aux choux, un morceau de jambon, des z'haricots n'a l'huile et un gâteau de pommes de terre (toutes choses digestibles, quoi !) Eh ben !... à peine avais-je fermé ma paupière, que je dévisage le profil de la comète commettant d'hideux ravages ; je la voyais comme je vous vois, avec sa crinière de 798 baromètres de long ; la criminelle incendiait not' pauvre globe qui n'y voyait que du *feu*, les hommes étaient passé à l'état de poires cuites... Je m' précipite sur le corps céleste (c'est leste à dire), j'étais comme un crin ; nous nous prenons *aux cheveux*, mais les siens me restent dans la main ; c'était *un tour*... de sa façon... la comète portait *perruque* ; quel toupet ? ça ma défrisé et je me suis éveillé en *soubersaut*.

   J' voudrais ben m' sauver ;
   Mais... mais où m'en aller ?
   Plaignez mon infortune.
   Ah! coquin de sort,
   J' vais prendre un pass'port
   Et grimper dans la lune.

(PARLÉ.) — Je demanderai au premier commissionnaire venu : *Pour aller à la lune, s' vous plaît ?* On doit s'y rendre par plusieurs routes ; mais l'autre ou *lune*... ça m'est inférieur ; si je trouve les portes fermées, j' ferai un trou à la... muraille. Espérons qu'une fois entré, mes frayeurs n'iront plus en *croissant*... J' suis pas embarrassé d' moi ; parlez à qui vous voudrez d'Épinette-Gingembre Moudeveau, on vous dira que c'est z'un cordonnier z'en vieux très-distingué ; eh ben ! j' mettrai des clous à paillettes et des béquets aux escarpins des *lunatiques*... Tiens ! pourquoi pas ? le soleil r'*lit pour tout le monde !* J'y pense ! les loyers doivent être très-chers là-haut, *quand la lune est dans son plein ;* bah ! je m' logerai dans le *premier quartier*... venu, et une fois que j'aurai du *bon bien au soleil,* je m'éclipserai, je reviendrai sur la terre... si elle existe encore... (*Avec effroi.*) Ah ! grand ciel !... entendez-vous ? pif ! paf ! pouch ! puich ! elle arrive, elle arrive, nous sommes fumés, et pas le moindre ballon ! pas le plus petit Godard... Pouf, pif, évadons-nous. (*Il rit.*) Que j' suis donc rebête ; c'est M. Safran, le teinturier, qui tire un feu d'artifice pour fêter la venue de son jeune mioche.

Des comètes, ah ben ! ouiche !... on n'en voit pas s'ment la queue d'une...; mais dès qu'on apercevra la celle qui doit venir, les Parisiens feront *queue* pour la voir... En attendant, on n' parle que d' ça chez soi, ce qui fait que tout le monde s'occupe d'*astre au logis*.
(AU REFRAIN.)

Pour MOUDEVEAU :

SEVESTRE.

Paris, A. HURÉ, éditeur et seul propriétaire,
rue Dauphine, 44, près le Pont-Neuf.

Tout exemplaire non revêtu du timbre de l'éditeur sera poursuivi comme contrefaçon.

Paris. — Typographie Chaumont, 6, r. St-Spire.

ROBINSON

CHANSONNETTE.

Paroles de A. LIORAT. Musique de E. LOMBARD.

La Musique se trouve chez A. HUBERE, libraire-éditeur, à Paris, rue du Petit-Carreau, 14.

Depuis qu'au bois de Romainville
Un coup de hache a retenti,
Dévoilant le discret asile
Où Cupidon était blotti,
Le pauvre Amour a pris ses ailes
Et porté son tendre écusson
Au fronton des vertes tonnelles
Qui fleurissent à Robinson ! } *bis.*
Qui fleurissent à Robinson !

REFRAIN.

Ah ! qu'il est bon, bon, bon, bon, bon,
Mirliton, mirliton, mirlitaine,
Ah ! qu'il est bon, bon, bon, bon, bon,
D'aller dîner à Robinson !

C'est un villageois ermitage
Où l'on respire en même temps
La clématite et le potage,
La côtelette et le printemps.
Sous la feuille, où la nappe est mise,
Court un harmonieux frisson,
Idylle que chante la brise
Aux amoureux de Robinson ! } *bis*
Aux amoureux de Robinson !
   Ah ! qu'il est bon, etc.

Album du Gai chanteur.   42e livr.

Sur l'humble escalier en spirale,
Tour à tour s'élancent en riant
La grisette sentimentale
Et l'intrépide étudiant.
S'il faut grimper par une échelle,
En revanche plus d'un garçon
Trouve dans les bras de sa belle   } *bis.*
Le paradis à Robinson !
Le paradis à Robinson !
   Ah ! qu'il est bon, etc.

Quoique le vin qu'on y débite
N'arrive pas du clos Vougeot,
Il fait pourtant oublier vite
Et la couture et le bachot.
Pour savourer l'âpre piquette,
Là, le buveur peut, sans façon,
Mettre le coude sur l'assiette,   } *bis.*
On est sans gêne à Robinson !
On est sans gêne à Robinson !
   Ah ! qu'il est bon, etc.

Quand Phœbus, ce peintre céleste,
Met du carmin à ces pinceaux,
La troupe descend vite et leste
Et va danser au bal de Sceaux.
Parfois, dans la nuit vaporeuse,
On entend de certain buisson
Sortir une plainte amoureuse,   } *bis.*
Sur la route de Robinson !
Sur la route de Robinson !

LE LUTIN D'ARGENT

CHANSONNETTE

Paroles et musique d'Émile DURAFOUR

La Musique se trouve chez A. HURÉ, libraire-éditeur, à Paris, rue du Petit-Carreau, 14.

Qui fait la paix, qui fait la guerre,
Qui fait le bonheur sur la terre,
 Qui nous fait aimer tendrement,
 Qui fait le bon et le méchant?
  Le petit lutin d'argent,
  Le petit lutin d'argent,
  Le petit lutin charmant,
  Le petit lutin d'argent!

Les amis sont de joyeux diables
Qui se disent bons, serviables;
 Vous avez leur attachement
 Tant que chez vous sera présent
  Le petit lutin, etc.

Qui donne l'esprit au plus bête,
Qui fait tourner plus d'une tête,
 Qui fait d'un sot l'homme important?
 C'est qu'en son gousset l'on entend
  Le petit lutin, etc.

Qui fait sourire la coquette,
Qui lui donne riche toilette,
 Qui lui donne un beau logement,
 Qui paye son rouge et son blanc?
  Le petit lutin, etc.

Qui donne le pain aux familles,
Qui séduit les honnêtes filles,
 Qui fait que l'on meurt indigent
 Loin d'un ami, loin d'un parent?
  Le petit lutin, etc.

Qui fait que dans plus d'un ménage
La femme gronde et fait tapage?
 C'est que le mari, par trop franc,
 Au cabaret mange souvent
  Le petit lutin, etc.

Ayez bonne ou mauvaise mine,
Soyez d'Angleterre ou de Canine,
 Parlez français, grec, allemand,
 N'importe, en tous lieux on comprend
  Le petit lutin, etc.

FERA MIEUX QUI POURRA

Chansonnette chantée par M. GOROZA.

Paroles de F. TOURTE. Musique de L. ABADIE

La musique se trouve chez M. MISSLER, 19, rue Vivienne,
Et chez A. HURÉ, libraire-éditeur, 14, rue du Petit-Carreau.

— Je suis la petite Marie,
Mais j'ai grandi de trois bons doigts;
Grand' mère, il faut qu'on me marie,
J'aurai quinze ans, viennent les noix.
— Mon enfant, on rêve à tout âge.
Écoute, avant de te lier,
Ce qu'a dit sur le mariage
Un grand saint du calendrier :
Mariez-vous, je le répète,
Vous ferez bien, soyez heureux;
Ne vous mariez pas, fillette,
Et vous ferez encor bien mieux !

— Je sais que sur le mariage
Les grands parents glosant tout bas,
Tiennent à peu près ce langage
Aux filles qui n'y croient pas;
Je sais qu'au jour de votre noce,
Devant le futur peu content,
Avant de monter en carrosse,
Votre mère en a dit autant :
Mariez-vous, je le répète,
Vous ferez bien, soyez heureux;
Ne vous mariez pas, fillette,
Et vous ferez encor bien mieux !

— Puis à ma mère, votre fille,
Vous avez tenu ce discours;
Ça se transmet dans la famille,
Où je vois qu'on signe toujours.
C'est une assez bonne pensée;
Ce langage, je le tiendrai
A toute fille un peu pressée,
A mes enfants quand j'en aurai.
Votre saint a raison, grand' mère,
Je dis : Marions-nous, oui-dà;
Commençons d'abord par bien faire,
Après fera mieux qui pourra !

CANTIQUE
DE
NOËL

Chanté par M. RENARD, de l'Opéra.

Par. de CAPPEAU de ROQUEMAURE. Mus. de A. ADAM.

La musique chez GRUS, éditeur, boulevard Bonne-Nouvelle, 31,
Et chez A. HURE, libraire-éditeur, rue du Petit-Carreau, 14.

Minuit ! chrétien, c'est l'heure solennelle
Où l'homme-Dieu descendit jusqu'à nous,
Pour effacer la tache originelle
Et de son père arrêter le courroux.
Le monde entier tressaille d'espérance
A cette nuit qui lui donne un sauveur.
Peuple, à genoux ! attends ta délivrance :
Noël ! Noël ! voici le Rédempteur !   (bis.)

De notre foi que la lumière ardente
Nous guide tous au berceau de l'enfant,
Comme autrefois une étoile brillante
Y conduisit les chefs de l'Orient !
Le roi des rois naît dans une humble crèche ;
Puissants du jour, fiers de votre grandeur,
A votre orgueil c'est de là qu'un Dieu prêche !
Courbez vos fronts devant le Rédempteur !   (bis.)

Le Rédempteur a brisé toute entrave ;
La terre est libre et le ciel est ouvert.
Il voit un frère où n'était qu'un esclave :
L'amour unit ceux qu'enchaînait le fer.
Qui lui dira notre reconnaissance ?
C'est pour nous tous qu'il naît, qu'il souffre et meurt.
Peuple, debout ! chante ta délivrance :
Noël ! Noël ! chantons le Rédempteur !   (bis.)

RÊVE DE JEUNESSE

Paroles de HENRI DE LAROCHE. Musique de F. LAFAYE.

La musique se trouve chez A. HUETREL, libraire-éditeur, à Paris,
rue du Petit-Carreau, 14.

Joyeux enfants du pays de Bohême,
La liberté fut mon bien le plus doux ;
Voici le temps où l'on vit, où l'on aime,
J'ai résolu de vivre parmi vous.
La pauvreté n'a rien qui m'épouvante,
Elle n'abat que les plus faibles cœurs ;
Je veux ma place au soleil qui me tente :   } bis.
Les bois sont verts, les lilas sont en fleurs.

Un joug honteux, dès mon adolescence,
Laissa mes jours dans l'ombre se flétrir ;
Mon cœur fermé, vivait d'indifférence.
Ah ! vivre ainsi, c'était deux fois mourir.
Mon âme, enfin, jette un cri de détresse,
Mon front rayonne à travers tous mes pleurs ;
Soleils de mai, rendez-moi ma jeunesse :   } bis.
Les bois sont verts, les lilas sont en fleurs.

Je sais fort bien qu'on nommera folie
Ce libre essor d'un cœur indépendant ;
Que bien des voix empreintes d'ironie
Voudront ternir mon rêve éblouissant ;
Mais ce matin, j'ai vu les hirondelles
Qui, du printemps, célébraient les douceurs ;
Je suis poète et je me sens des ailes :   } bis.
Les bois sont verts, les lilas sont en fleurs.

Nul ne saurait trahir sa destinée,
J'ai besoin d'air, de lumière et d'amour ;
D'illusions la route est parfumée,
Je veux chanter jusqu'à mon dernier jour.
Si, par malheur, en chemin je succombe,
Pour qu'un parfum passe sur mes douleurs,
Oh ! mes amis, allez creuser ma tombe   } bis.
Sous les bois verts et les lilas en fleurs.

LE PETIT BORDEAUX

CHANSONNETTE.

Paroles de A. LIORAT, Musique de J. JAVELOT.

La Musique se trouve chez A. HEURÉ, libraire-éditeur, à Paris,
rue du Petit-Carreau, 14.

Petit cigare à robe grise,
Humble et terne comme un grillon,
Par toi le monde fraternise,
Noble et manant, luxe et haillon.
Gousset plat comme bourse pleine,
　　La farira dondaine,
Avec un sou tous sont égaux
Devant le petit bordeaux.
Devant le petit bor, bor, bor, bor, bor,
　　La farira dondaine,
Devant le petit bor, bor, bor, bor, bor,
Devant le petit bordeaux.

Quand le soleil, triste et maussade,
Ne rit plus dans son palais bleu,
Et que sur la terre malade
Souffrent les vignes du bon Dieu,
Résigné comme Diogène,
　　La farira dondaine,
Sur le ventre creux des tonneaux,
Je fume un petit bordeaux.
Je fume un petit bor, bor, bor, bor, bor,
　　La farira dondaine,
Je fume un petit bor, bor, bor, bor, bor,
Je fume un petit bordeaux.

Lorsque le soir Rose, infidèle,
Ne rentre pas à la maison,
Quand je vois s'user ma chandelle,
Quand je vois pâlir mon tison,
Pour oublier misère et peine,
    La farira dondaine,
Je me couche et sous mes rideaux
J'allume un petit bordeaux.
J'allume un petit bor, bor, bor, bor, bor,
    La farira dondaine,
J'allume un petit bor, bor bor, bor, bor,
J'allume un petit bordeaux.

Si quelques jours dans nos murailles
Venaient camper les ennemis,
Pour célébrer leurs funérailles,
Nous sauterions avec Paris;
Et nous allumerions sans peine,
    La farira dondaine,
La poudre de nos arsenaux
Avec un petit bordeaux.
Avec un petit bor, bor, bor, bor, bor,
    La farira dondaine,
Avec un petit bor, bor, bor, bor, bor,
Avec un petit bordeaux.

Puisque la nature enrhumée
Est sans vendange et sans printemps,
Il faut bien un peu de fumée
Pour consoler des mauvais temps.
Si le pauvre, un jour par semaine,
    La farira dondaine,
En Espagne fait des châteaux,
C'est grâce au petit bordeaux.
C'est grâce au petit bor, bor, bor, bor, bor,
    La farira dondaine,
C'est grâce au petit bor, bor, bor, bor, bor,
C'est grâce au petit bordeaux.

CHRÉTIENNE
ET
MUSULMAN.

Paroles de MARC CONSTANTIN, Musique de JULES JAVELOT.

La Musique se trouve chez A. DEURRÉ, libraire-éditeur, à Paris,
rue du Petit-Carreau, 14.

J'aime, au désert, voir mon coursier numide,
Fuir comme un trait sur les sables tremblants ;
De l'oasis, j'aime encore l'ombre humide
Des pèlerins calmer les fronts brûlants.

Mais j'aime mieux l'or de ta blonde tête,
O ma chrétienne ! esclave aux yeux si doux ;
Et je me ris des lois du saint prophète,
Car c'est ton Dieu que j'implore à genoux ;
Oui, je me ris des lois du saint prophète,
Car c'est ton Dieu que j'implore à genoux.

J'aime des cieux les étoiles nacrées,
Quand vers le soir la caravane dort ;
J'aime la pourpre et les voûtes sacrées
Des minarets au diadème d'or !...
    Mais j'aime mieux, etc.

Jusqu'à ce jour, j'aimais le doux mystère
De mon harem qu'abritent des remparts ;
Mais aujourd'hui tous les biens de la terre
Ne valent pas un seul de tes regards.
    Car j'aime mieux, etc.

LES
CHEVEUX BLANCS

Air du *Petit mousse noir*.

Enfants, lorsque dans le village
Vous voyez passer un vieillard
Tout tremblant du poids de son âge,
N'ayant vivant que son regard,
En voyant sa tête blanchie,
Ne riez pas, petits enfants,
Car c'est la neige de la vie.
Ah ! respectez les cheveux blancs.

Eux seuls, ils peuvent vous instruire
Dans la vie en guidant vos pas ;
Écoutez ce qu'ils ont à dire,
Et, jeunes fous, ne riez pas.
Si vous avez gaîté, folie,
Ils n'ont plus rien, eux, mes enfants,
Rien que la neige de la vie
Que l'on nomme les cheveux blancs.

Enfants, croyez en leur sagesse ;
La vie, hélas! est un écueil
Où la confiante jeunesse
Peut se briser sur un cercueil.
Regardez-les avec envie,
Car, sachez-le, pauvres enfants,
Un rien peut briser votre vie :
N'a pas qui veut des cheveux blancs.

Alexis BOUVIER.

LA ROUTE DE BESANÇON
OU LA
NOUVELLE PERRETTE

CHANSONNETTE

Paroles de Arthur Lamy; musique de A. Lagard.

La Musique se trouve chez A. Heurré, libraire-éditeur, à Paris, rue du Petit-Carreau, 14.

Si vous n'avez pas l'âme noire,
Vous pleurerez à ma chanson,
Car je vais vous dire l'histoire
De la route de Besançon.

Une rose à la gorgerette,
Le nez au vent et l'œil fripon,
Un matin s'en allait Perrette
Sur la route de Besançon.
Elle portait vendre à la ville
Ses œufs, son lait et son oignon,
Et cheminait d'un pas tranquille
Sur la route de Besançon.

Escomptant déjà sa recette,
Elle disait : Dans le canton,
Je ferai tourner chaque tête
Sur la route de Besançon.
Perrette, allons, va ! marche ferme !
Avec tout cet argent mignon,
J'aurai poulets, vaches et ferme
Sur la route de Besançon.

Je veux avoir en mariage,
Disait-elle, un joli garçon ;
On peut choisir, quand on est sage,
Sur la route de Besançon.
Perrette s'y croyait sans doute,
Lorsqu'à cheval un beau dragon
Paraît au détour de la route,
De la route de Besançon.

Voyant sa figure friponne,
Corbleu ! dit-il, ainsi peut-on
Abîmer chaussure mignonne
Sur la route de Besançon ?
Là, près de moi, monte, petite.
La belle accepte sans façon ;
A cheval l'amour marche vite
Sur la route de Besançon.

Vous chiffonnez ma collerette,
Laissez ma fleur, dit le tendron ;
Et la rose tombe, pauvrette,
Sur la route de Besançon.
Le cheval, que la chose embête,
Trébuche, et voilà tout au long
OEufs, cavalier, lait et fillette
Sur la route de Besançon.

Adieu, beaux châteaux en Espagne !
Mais, en place, un petit dragon
Vint au monde dans la campagne
Sur la route de Besançon.
Fillette qui voyez la chose,
Retenez bien cette leçon :
Ne laissez pas tomber de rose
Sur la route de Besançon.

Paris. — Typ. Beaulé, 10, rue Jacques de Brosse.

REVUE DES THÉATRES

ET

ACTEURS DE PARIS.

Air: *de la Lorette ou la Petite Margot.*

De nos théâtres,
Gens idolâtres,
Littérateurs et gamins de Paris,
Que l'on se foule,
Montez en foule
A votre loge ou bien au paradis.
Sans emprunter le fouet de la satire,
Permettez-moi d'exposer à vos yeux
Les grands acteurs dont le nom vous attire,
Et mainte actrice au talent merveilleux.

Sans plus attendre,
Il faut nous rendre
A l'Opéra que l'on va démolir.
Ailleurs, j'espère,
Le sort prospère
De nos chanteurs ne fera qu'embellir.

Sémiramis devient un phénomène,
Grâce au talent des sœurs Marchisio ;
Emma Livry sur ses pas nous entraîne,
Et pour chanter Roger n'est pas manchot.

Mais la musique,
Fort peu tonique,
En m'endormant fatigue leurs poumons.
La tragédie,
La comédie,
Viennent s'offrir à nos réflexions.

Album du Gai Chanteur. — 3e vol. 43e Livraison.

Voici Leroux, le chéri (Chéry) du parterre,
Fix et Maillard soutenus par Sanson ;
Mirecour court, Geffroy chauffe l'affaire,
Brohan veut plaire et régner (Régnier) sur Guyon.

   Avec richesse,
   Avec noblesse,
Après Rachel scandant l'alexandrin,
   Du vieux Corneille,
   Qu'elle réveille,
Karoly prend l'aspect fier et romain.

De l'Odéon, Marck, digne de remarque,
Pas plus que Rey ne doit se voir rayer.
Pour Tisserand, tisse en rose la Parque,
Febvre et Péray ne sauraient se payer.

   Mais de Voltaire
   Et de Molière,
Bien peu de gens fréquentent la maison.
   Le peuple en foule
   Cour voir la *Poule*,
Mimi Bamboche ou *le Pied de Mouton*.

Voici venir notre Opéra-Comique :
Mocker attrape un coup d'air (Couderc) chez Cabel ;
A Sainte-Foy Berthelier fait la nique,
Près de Miolan Montaubry monte au ciel.
      (Montauciel, dans le Déserteur)

   Puis le Lyrique,
   Ex-Historique,
Ouvre sa porte à maint nouvel auteur.
   Voici Battaille,
   La basse-taille,
Le beau Meillet, des ténors le meilleur.

Les Italiens font bien souvent relâche
Et rarement on peut les admirer ;
Mais Tamberlick s'acquitte de sa tâche
En homme adroit qui se fait désirer.

   Comme Lablache,
   Sauf la moustache,
Voyez paraître *il signor Ronconi*,
   Pour que la fête
   Soit bien complète,
Mario chante à côté d'Alboni.

On avait dit ! Adieu le Vaudeville,
Créé jadis par le Français malin !
Peut-il périr, quand Monnier et Clairville
Feront jouer Félix et Saint-Germain ?

    Mais sa critique,
    Plus dramatique,
 Change de ton pour attendrir nos cœurs.
    Pour Marguerite, (La Dame au Camélias)
    L'âme palpite, (Les Filles de Marbre)
 Plus de BARRIÈRE à ses attraits vainqueurs !

Voici Pradeau, Brasseur l'inimitable,
Puis Hyacinthe et son nez immortel ;
Grassot râclant son gnouf-gnouf impayable,
Enfin Duval qui câline Ravel.

    Trio comique
    Et satirique,
 C'est Blondelet, Montrouge et Christian.
    Près d'Alphonsine
    Boisgontier dîne,
 Kopp de Leclère est le copin friand.

Pied leste, œil vif, taille svelte et légère,
Gentil-Bernard danse le verre en main ;
C'est Déjazet, le joli Létorière...
Elle est toujours jeune sous le carmin.

    Faisons silence :
    Auriol s'élance,
 John Blick poursuit Léotard dans les airs ;
    Paul Legrand passe,
    Arnal grimace,
 Le gros Verner avale de travers.

Perle enlevée à l'Opéra-Comique,
C'est Dragonnette et Coraly-Guffroy !...
Avec Guyon, le miroir dramatique,
Adèle-Page et Clarisse Miroy.

    Galant (Galland), aimable,
    Colbrun à table,
 Près de Lebel boit l'eau du puits Laurent ;
    De sa rapière, (Boileau, Dupuis, Laurent)
    Lacressonnière,
 Carr'four Bucy renverse un restaurant.
      (Bussy, dans la Dame de Monsoreau)

De Larochelle admirez l'importance ;
Rose Chéri du Gymnase est l'orgueil ;
Du bon Numa la tête se balance,
Et Paul Geoffroy nous met *le doigt dans l'œil.*

      Gigon-Dumaine,
      Fier, se promène,
L'air impassible au milieu des débris, (Les 32
      Et par derrière,   [duels de Jean Gigon)
      C'est Laferrière :
Des amoureux, il remporte le prix.

Pour couronner cette nomenclature,
Voici Mélingue et Maître Frédérick !
Le vieux Ruy-Blas fait encor feu qui dure,
Dans la parade il a toujours du *chic.*

      Mais, bon voyage !
      Pliez bagage,
Entrez, acteurs, dans vos nouveaux palais.
      Plus de reprises :
      Nouvelles mises...
Changez, enfin, de pièces et d'attraits.

      Et des théâtres,
      Les idolâtres,
Littérateurs, baladeurs ou titis,
      Viendront en masses
      Voir vos grimaces,
Depuis l'orchestre jusqu'au paradis !...

                    Maxime GUFFROY

LE PETIT NÈGRE LIBRE

CHANSON CRÉOLE,

Paroles et Musique de Marc Constantin.

La Musique se trouve chez **A. HURE**, libraire-éditeur, à Paris, rue **Dauphine**, n° **44**, près le **Pont Neuf**.

Moi, suis le petit nègre,
Qui vient de son pays ;
Le cœur toujours allègre
Et gai comme un courlis.
Quand partis de l'Afrique,
En passant le tropique,
Moi, chantais dans bateau,
Entre le ciel et l'eau :
Vogue, vogue ma pirogue, qui s'arrêtera,
Ma pirogue, vogue, vogue où bon Dié voudra !
Hiss lon ha ! hiss lon ha !
Vogue ma pirogue tant qu'elle pourra !
Hiss lon ha ! hiss lon ha !
Vogue ma pirogue tant qu'elle voudra !

Un jour, que sur la plage,
J'étais au bord de l'eau,
Un négrier sauvage
M'entraîne à son vaisseau !
Mais, le soir, à la brune,
Quand se cacha la lune,
Moi, sautai dans la mer
Par un sabord ouvert ! — Vogue, vogue, etc.

Suis libre sur la terre
Comme l'oiseau du ciel !
Le ruisseau désaltère,
Les fleurs donnent leur miel !
Sur le fleuve rapide,
Où l'étoile me guide,
L'écho seul maintenant
Répète doucement : — Vogue, vogue, etc.

Moi, n'ai plus rien à faire
Sous mes palmiers fleuris ;
N'aime que bonne mère
Qui m'attend au pays !
Si aimais jeune fille,
Riche, blanche et gentille,
Perdrais ma liberté
Et ma tranquillité ! — Vogue, vogue, etc.

L'HONNEUR ET L'ARGENT

Paroles de Victor RABINEAU,
Musique d'Eugène BOYRAU.

La Musique se trouve chez **A. HURÉ**, libraire-éditeur, à Paris, rue Dauphine, n° 44, près le Pont-Neuf.

Lorsque ce cri sort de tant de poitrines :
L'Argent est tout, de l'Argent à tout prix,
L'Honneur blessé par de telles doctrines,
Pauvre doit-il tomber sous le mépris ?
Non. La fortune où la honte s'attache,
S'affiche mieux par un luxe outrageant. (bis.)
L'argent ne peut effacer une tache :   } bis.
Gardons l'Honneur que ne rend pas l'Argent.

Le parvenu, par une source immonde,
Qui doit son faste à quelque heureux larcin,
Fut-il, quand même, absous par tout le monde,
Nourrit un ver qui lui ronge le sein.
Plus de repos, sa tremblante paupière
Appelle en vain un sommeil indulgent ; (bis.)
Bien mal acquis est un chevet de pierre :   } bis.
Gardons l'Honneur que ne rend pas l'Argent.

Sans excuser la faiblesse fatale,
Plaignons celui qui faillit au devoir,
Quand la faim parle et que l'or fauve étale
Devant ses yeux son magique pouvoir.
Esprit étroit, le tentateur le gagne ;
Mais l'or qui tache un front intelligent, (bis.)
Dégrade autant que le fer chaud du bagne :   } bis.
Gardons l'Honneur que ne rend pas l'Argent.

De sa beauté criminelle victime,
L'ange déchu dès son premier faux pas,
Avec l'Honneur laisse sa propre estime,
Que tout son sang ne rachèterait pas.
D'un faux éclat, quand le vice se farde,
Heureux et fier d'un travail indigent, (bis.)
L'ange au cœur pur chante dans sa mansarde :   } bis.
Gardons l'Honneur que ne rend pas l'Argent.

SI VOUS N'ÊTES PAS CONTENTS
vous n'êtes pas raisonnables.

CHANSON.

Paroles d'ARTUR LAMY.

AIR: *Et pourtant je ne suis pas dévote,*
　　　ou *du Charlatanisme.*

A mauvais ainsi qu'à bon droit,
On se plaint partout à la ronde?
L'un a trop chaud, l'autre a trop froid;
Comment contenter tout le monde?
Mortels, vous êtes exigeants,
Les dieux, pour vous, sont charitables;
Après la plui', vient le beau temps,
Et si vous n'êt's pas contents,
C'est que vous n'êtes pas raisonnables.

Vous vous plaignez d'un sort fatal,
Quand nos docteurs vétérinaires
Vous déclarent que du cheval
La viande est des plus salutaires,
Quand nos modernes fabricants,
Par des mélanges délectables,
Vous font des vins rouges et blancs,
Ingrats, vous n'êtes pas contents,
Ah! vous n'êtes pas raisonnables.

Vous avez les rails, les wagons,
Les télégraphes électriques,
La crinoline, les ballons,
Et pour coudre... des mécaniques;
Enfin, vous avez pour six francs
Un habit des plus confortables,
Pantalon, gilet *et les gants,*
Encor vous n'êtes pas contents,
Ah! vous n'êtes pas raisonnables.

Tout est pour le mieux, pauvres gens !
Les femmes sont presque fidèles,
Les maris sont presque constants,
Et les filles sont presque d'moiselles ;
Les docteurs sont presque savants,
Les journaux sont presque croyables,
Les drames sont presque amusants,
Ah ! si vous n'êtes pas contents,
C'est que vous n'êtes pas raisonnables.

Par des lois faites à propos,
Que la morale justifie,
On a supprimé les tripôts,
La roulette et la loterie.
Ne grincez pas encor des dents,
Il reste, joueurs incurables,
La Bourse, là, qui vous attend.
Ah ! si vous n'êtes pas contents,
Ma foi ! vous n'êtes pas raisonnables.

Des écrivains, dans l'univers,
Voudraient d'une dent meurtrière,
Déchirer les sublimes vers
De Béranger et de Molière ;
Mais la lime usera vos dents,
Messieurs, soyez plus charitables,
Ils pouvaient être plus mordants...
Et si vous n'êtes pas contents,
C'est que vous n'êtes pas raisonnables.

Enfin sachons, pour être heureux,
User des biens que Dieu nous donne ;
Chansons, fillettes et vins vieux
Tressent de fleurs une couronne.
Surtout à mes modestes chants,
Messieurs, montrez-vous favorables,
Et, par vos applaudissements,
Prouvez que vous êtes contents,
Ou vous n' seriez pas raisonnables.

CHIL-BLAS

SÉRÉNADE AUVERGNATE EN SCIE BÉMOLE MAJEURE.

AIR : *de Gil-Blas* (opéra comique) DE SEMET.

REFRAIN.

Dans les montagn's de l'Auvargne
Chans boire ni mangea
Voyagea,
Fouchtra, la la la la la.
N'avoir pas mêm' de la luzargne,
A fourra chous la dent,
C'est fichant ;
Fouchtra, la la la la la.

Bougra, depuis l' mois d' déchembre,
J'ai ramacha de beaux j'écus.
O Chujette ! ouvra vochtre chambre
A monchou Jean-Pierr' Lechapus.
J' suis né natif de l'Auvargne,
Ru' d' la Juchette ; j' vends du charbon.
Fouchtra, pour vous j'oubli' la vargne,
Les charabias et la Fanchon.

Dans les, etc.

Bougri, laicha vot' couchette,
J'arriva pour vous régala ;
Ne refuja point, ma Chujette,
Deschenda, fouchtre, ou je monta.
Tu cheras ma ménagère,
Tu verras comm' j t'aimera ;
Ne méprija point ton gros Pierre,
Qu'est un bon Auvergnat, bougra.

Dans les, etc.

Nous ch'rons marchands de ferraille,
Tout près de la cour Lamoignon ;
Le dimanch', nous férons un' ripaille,
De lard et de choupe à l'oignon.
Après l' travail de la chemaine,
Quoique les barrièr's soient recula,
Enchemble à la chaussé' du Maine
Nous dans'rons la charabiaska !...

Dans les, etc.

MAXIME GUFFROY.

UN DE PLUS

OU

LE NOUVEAU MARIÉ.

CHANSONNETTE.

Paroles de Jules CHOUX,

Musique de V. ROBILLARD.

La Musique se trouve chez A. HURÉ, libraire-éditeur, à Paris, rue Dauphine, n° 44, près le Pont-Neuf.

PARLÉ. — Salut, bonsoir la compagnie ! C'est mé, Jean-Claude, que j'avons un moment quitté la noce pour vous faire part de mon bonheur. (*Confidentiellement.*) J'sis marié... eh ! eh ! eh !... aveu une femme ! (*Gros rire bête.*) Oh ! dada, la la la la !

Pour mé, quel destin,
Mosieur l'notaire
M'a fait m'n affaire ;
Je l'somm' d'à c'matin,
Et j'saurons ben fair' mon chemin !
 Tra la la la,
Et j'saurons faire mon affaire,
 Tra la la la,
Et j'saurons ben fair' mon chemin !

Y avait le fils d'Ursule
Qui m' disiont chaque jour
Qu' j'étions trop rédicule
Pour songer à l'amour.
Le grand Pamphile
Me rabâchait aussi
Qu' jamais un' fille
Ne s'rait à ma merci.

PARLÉ. — Eh! pourquoi donc, s'il vous plaît?... J' sommes-t'y point fait comme un autre?... Ai-je t'y pas des yeux pour voir, une bouche pour manger, des pieds pour marcher, des etc., etc... Et quand même que j'aurions un œil à la coque, et que j' loucherais d'une gambe, c'est-y des raisons pour pas être... comme tout le monde ?... Ah! jarnigué! me v'là marié, et j'allons montrer qu'on est bon à quéuq' chose. J' sais c' que j' sais, et Dieu marci! une bête et moi ça fait pluss' qu'un. Mossieu l' notaire l'a dit à ma femme d'abord. (*Gros rire bête.*) Oh! dada, la la la la ! (AU REFRAIN.)

L' notair' m'a servi d'père,
Vu qu'étant mon cousin ;
Il fréquentait ma mère
Comme ami, comm' voisin.
J' veux, en homm' sage,
Pisqu'il en a l' moyen,
Qu'à mon ménage
Y fasse aussi du bien.

PARLÉ. — D'abord il en veut beaucoup à Nichette, du bien... et c'est d' sa main propre qu'il ma donné la sienne... avec un trousseau complet... Un bon lit en arcajou *d' sapin*, une commode en bois blanc *d' noyer*... et six *chaises* avant de publier les *bans :* tout ça, pour honorer ma vartu et celle de ma femme, qu'est solide... Dam', le cousin s'y connaît, pisqu'il l'a couronnée *rosière* au moins trois fois... Aussi me v'là *rosier,* et Nichette se charge de *m' couronner* elle-même... avant peu, avec la permission de m'sieu l' notare, ben entendu. (*Gros rire bête.*) Oh! dada, la la la la! (AU REFRAIN.)

    Me v'là d' la confrérie
    Des maris... bienheureux ;
    En sortant d' la mairie,
    J' faisions d'jà des envieux.
    Que d' min's jalouses,
    Que d' regards étonnés,
    D' voir mon épouse
    Qui leur passait d'vant l' nez.

PARLÉ. — Et à l'église donc! fallait voir!... c'était à qui s'rait le plus près d' nous. — Qu'il est hûreux! disiont les hommes. — Comme il le s'ra !... ajoutiont les femmes. (*Avec explosion.*) Oh! v'oui, que je l' serons... et ma femme donc!... oh! dada, la la la la! sans compter les éfants qui pourront en résulter. D'abord y m'en faut une douzaine!... et j'espérons faire enrégistrer le premier avant six mois d'ici... Dam', faut le temps, comme dit le notare!... quand on a une femme *d'un bon rapport*... Et puis, pour faire bouillir la marmite, j'avons obtenu une place : (*avec importance*) garde-champètre surluminaire..., 32 livres 50 par an..., c'est pas beaucoup ; mais le portecteur de ma femme m'a promis qu'avant huit jours j' serions nommé et que j' porterions l' chapeau r'a *cornes*. J' peux compter là-d'ssus, car dès qui s' met en *expédition*, c'ti-là, il emploie joliment les minutes. C'est comme si je l'étais... tu l'es, Jean-Claude, tu l'es... (*Riant.*) Oh! dada, la la la la! (AU REFRAIN.)

Paris, A. HURÉ, éditeur et seul propriétaire,
rue Dauphine, 44, près le Pont-Neuf.

Tout exemplaire non revêtu du timbre de l'éditeur sera poursuivi comme contrefaçon.

TRON-DE-L'AIR!

OU
LE CONTEUR DE ZOLIES SOZES

SCÈNE COMIQUE.

Paroles et Musique de **Joseph ARNAUD.**

La Musique se trouve chez **A. HURÉ**, libraire-éditeur, à Paris, rue Dauphine, n° 44, près le Pont-Neuf.

PARLÉ. — Bonsoir à toute la compagnie de ces Messieurs et de ces Mesdames... Je suis pet être trop z'ardi, moi, z'un simple enfant provençal de l'antique Marseille, de vénir vous déranzer à prépos de rien... mais depuis quéque temps z'ai tant z'appris la connaissance de si zolies zoses, que ze peuve pas m'enpécer d'en parler z'a tout le monde ; aussi, allez, tron-de-l'air !!!

REFRAIN.

Ze suis content de ma personne,
Quand ze peux dans la société
Dire comme je l'assaisonne
Les sozes qu'on m'a raconté.

On m'a parlé mytholozique,
Du thiâtre des comédiens ;
On m'a dit que dans la musique
On apprend d'avoir des maintiens.
Voui, pourquoi l'on marche en mesure,
Et puis l'on se donne du ton ;
Chaque clef il a sa serrure,
Z'ai su ça quand z'ai pris leçon.

Album du Gai Chanteur. — 3e vol. 44e Livraison.

Parlé. — Moi, voyez-vous, z'aime à connaître les sozes, et ze m'étais zamais douté qu'il y en avait tant, dedans la mésique ; pourquoi, quand le professeur il m'a dit : Vous savez, messieur, que ça se renferme avec *trois clefs* principales ? Tévé, que z'ai répondu, ça me va, pourquoi ze suis serrurier de mon état... aussi z'ai vite compris sans *peine* tous les *doubles* et *triples crochets* qui l'y a là-dedans ; aussi, depuis quinze zours, ze *passe-partout*, ze *bocalise* comme un *rossignol*, ze me *pose*, ze *soupire*... Oh ! il m'en a dit de toutes les *couleurs* : qu'il y avait des *blanches*, des *noires*, et puis des *demi-noires*, que ça doit z'être des *mulâtres*... après, il ma fissé une bouillabaisse de *bémols*, de *niaises*, de *sol*, d'*entresol ;* il y a zusque des *coing d'orgues* pour y rester dessus tant qu'on veut. Il paraît aussi que toutes les *mesures* qu'on se serve, il sont pas bien *neuves*, pourquoi l'y en a de tous les *temps ;* pourtant, ze crois que la plus zeune c'est celle des *quatre temps :* l'y en a des *mesures* qui sont petites, qu'il y va que de *trois à six huîtres*, quequefois *douze huîtres*, c'est selon comme on en a de bésoin ; après, il vient les *poids*, que c'est des *grammes*, mais des *grammes aromatiques ;* ça se *sent* rien qu'en *çantant*. Enfin, z'en finirai plus si ze vous parlais de tous les *forto, fortissimo,* les *poco poco, vinaigro, vinaigretto,* les *pince-gâteaux,* les *cruchons d'eau,* les *nez gros* et tous les trondélairdo dé la Canebiéro. (AU REFRAIN.)

    Puis, ze suis t'été z'au thiâtre,
    Pour voir ce que l'on y fesait ;
    Z'en suis devenu z'idolâtre,
    Tellement ça z'il me plaisait.
    C'était z'une très-belle pièce ;
    Voui, z'ai vu deux pauvres agneaux
    Qui, pour une même maîtresse,
    On tua z'a coups de couteaux.

Parlé. — Voui, Messieurs, çà il est z'arrivé dedans le *trou de nèfle,* où qu'il y avait une grosse femme qu'on appelait *Maguerido Vergogne*, une méchante drogue, qu'il avait un toupet de tous les diables : c'était une reine qu'il allait de partout, zusques dans la taverne, pour voir son marchand de vin qu'on y appelait l'*Arsenic*. Voilà que cette Marguerido il était mariée avec un roi de ce temps, qui se mêlait pas beaucoup des affaires de sa femme. Il est venu paraître qu'une fois ; il lui disait : débarbouille-toi ; ne vienne pas me rompre la pipe. Mais, en revange, l'y avait un capitaine qu'on y appelait *Cure-Dent*... oh! qué blageur! il mettait son nez de partout celui-là... Un zour, Marguerido il l'invita avec deux autres zeunes garçons, pour venir au *trou de nèfle* manzer la bouillabaisse sur le couvre-feu; et Marguerido, qui aimait pas que les mouches l'embêtent, c'était mis une masque noire sur la figure. Voilà que le plus zeune des invités qu'il avait pris son petit plumet, il lui disait : Ah! Marguerido, si tu savais comme ze t'aime... fais-moi z'un peu voir ta binette. Ah! non, non! Crac! il lui fit un égratignadure comme ça. Ah! petit coquin, tu vas me le payer. Alors il arrive le *Cure-Dent* qui zouait à *colin-gaillard;* il semblait qu'il nazait sur la *scène*. Il aguante le petit, et l'y fait : mon pauvre vieux, nous sommes *roustis;* regarde tes pieds, nous sommes au *trou de nèfle*, nous sommes dans un *gué-panpan*. Oh! coquin de bon sort! va sersser le commissaire... Adieu! A partir de là, z'y ai plus rien compris. A la fin, on tue le petit, qui est le frère de l'autre frère, qu'ils étaient les enfants de *Cure-Dent* par circonstances exténuantes, vu qu'il était pas marié avec *Marguerido Vergogne*, qu'il était la femme du roi et de plus la fille de son père, et la mère des deux frères, et qu'il était pas la femme du grand blagueur qu'il avait fait faire tous ces malheurs... Z'y ai rien compris, mais on m'a dit que c'était z'historique. Aussi ze l'ai trouvée magnifique, sympathique, diabolique et très-moralique. (AU REFRAIN.)

> Deux mots sur la Mythologique
> Vous vont mettre bien au courant
> Sur cette belle histoire antique,
> Dont le récit z'il est çarmant.
> Ça parle du dieu de la guerre,
> Du dieu du vent qu'est le mistral,
> Du dieu de la pomme de terre
> Et de Vurcain le maréchal.

PARLÉ. — Oh! mais ça... c'est beaucoup vieux, c'est du temps de Romains. Oh! il y a plus de 60 ans... C'était une espèce de société; *Zubiter* en était le prisident, mais il était méchant comme un tonnerre, tellement qu'il a été *extrait de Saturne*, son père, qui voulait le manzer tout cru : c'était le croquemitaine de ce temps... L'y avait aussi le bon dieu de la mésique, *Lapoillon*, qu'il en zouait sur la *carpe* ; sa sœur, la *Diane*, battait les champs, pas avecque le tambour, mais avec son fusil à flèche pour tuer les lapins sans port-d'armes. Bacchus soiffait à mort ; enfin ils s'amusaient comme des dieux... Le plus drôle, que l'un il était le frère du Soleil, l'autre la tante de la Lune, celui-là la femme d'un bœuf, celle l'autre la fille d'une citrouille ; c'était tout des gens qu'ils avaient ni père ni mère : *Cépidon* était l'enfant de *Mars* et *Vanuse*, qui z'eut *trois filles grasses* de *Zubiter*. C'est celui-là qui n'en avait des marmots... *boudiou* !! Un zour, il s'emmasqu'à en *canard* pour aller voir sa bonne amie, que c'était un *signe* de leurs relations amicales ; voilà que de cette affaire, ils ont fait deux œufs qu'il en est sorti *deux castor poileux*. Ah ! il fesait que des tours du trondélair... puis l'y avait *Horcule*, le bon dieu des gifles, qu'il en fissait à tout le monde à tirelaricot ; *Meplume*, c'était le bon dieu de la mer de ce pays, c'était le roi des baleines, des thons, des z'homards, des merlans, des maquereaux, enfin le dieu de la bonne bouillabaisse... *Céresse* était la bon dieude des melons, des cornichons, des poivrons, et il tirait des carottes tant qu'il y *en avait* ; l'y avait zusque le chien *Cervelle* qu'il avait trois têtes ; c'était drôle ça : quand on donnait un morceau de sucre à une tête, eh bin ! les deux autres il vous mordaient... L'y avait un cheval qu'il avait des ailes, et qu'on y appelait Baguasse ; puis l'y avait des zéants qui z'étaient grands, grands comme le clocher des Accoules à Marseille. Voilà qu'ils prennent chacun une montagne dans ses poches, et un beau zour, ils les mettent une dessur l'autre pour escalader zusqu'au ciel ; mais, par ma heur, *Zubiter* l'y avait mis un noyau de cérise dessous ; les montagnes y glissent : il ouvre la fenêtre des tonnerres ; va te faire lanlaire ! les montagnes et les zéants reçoivent une tripotée que tout il fut z'applati, amorti, réduit comme la pommade de l'ayoli ; et pour vous finir, ze vous dirai que...

  Ze suis content de ma personne,
  Quand ze peux dans la société
  Dire comme je l'assaisonne
  Les sozes qu'on m'a raconté.

HIER ET AUJOURD'HUI

DUO-COMPLAINTE.

Air : *Quand j'étais roi de Béotie.* (Orphée aux enfers.)

NÉPOMUCÈNE ZÉBÉDÉE PLURE-D'OIGNON.

Hier, j'étais sou   — riant et riche,
Aujourd'hui, pau — vre comme un rat.
Hier, j'étais plein — comme une bourriche,
Mon estomac   — est vide et plat.
J'avais un bon   — heur de canaille,
J'étais un fo   — yer de gaîté ;
Je n'ai plus main — t'nant rien qui vaille
Rien que du cha — grin sans santé.

ENSEMBLE.

C'est le revers de la médaille,
C'est le revers de la méda
   Dadada — aille !...

CUNÉGONDE-PULCHÉRIE PLURE-D'OIGNON, née ÉCHALOTE.

Je suis ton é   — pouse chérie,
(Posant la main sur son cœur)
J'ai là ma dou — leur comme toi ;
Mais moi, déso — lée Pulchérie,
Je ne puis ar   — rêter la loi,
La loi du fa   — tal sort qui raille
Chacun des mor — tels ici-bas...
Non, plus de din — dons, de volaille,
Et plus de do   — mestique, hélas !...
   C'est le revers, etc.

PLURE-D'OIGNON.

Au bal du sau — vage, ô bobonne !
Que tu t'étais   — mise avec chic !

CUNÉGONDE.

Avec ton cha   — peau, Dieu m' pardonne,
T'avais un phys — ique loustic.

PLURE-D'OIGNON.

J'aimais ton ju — pon jaune-paille,
Ton petit cor   — sage bombé...

CUNÉGONDE.

Mais plus de ri, — plus de ripaille ;
Tout est, Fifi,   — finit, tombé !...
   C'est le revers, etc.

Maxime GUFFROY.

LA RONDE DU DIMANCHE

Paroles de PAROISSE,   Musique de VAUDRY.

La Musique se trouve chez **A. HURÉ**, libraire-éditeur, à Paris,
rue Dauphine, n° 44, près le Pont-Neuf.

REFRAIN :

C'est aujourd'hui dimanche, et vive la gaîté !
Nous avons bien rempli notre semaine ;
Amis, prenons, pour oublier la peine,
     Un jour de liberté.   (bis.)

Dieu, lorsqu'il fit le monde, en a donné l'exemple ;
     Amis, pour le prier,   (bis.)
Partons, le temps est beau, la nature est le temple
     De ce grand ouvrier.   (bis.)
    C'est aujourd'hui, etc.

Cherchons les champs, les bois ; l'air que l'on y respire
     A de fraîches senteurs,   (bis.)
Et le soleil du ciel à splendide sourire
     Y ranime les cœurs.   (bis.)
    C'est aujourd'hui, etc.

Et sur notre chemin, au pauvre qui demande,
     Parlons avec douceur ;   (bis.)
C'est un frère, et l'on doit, pour ennoblir l'offrande,
     Respecter le malheur.   (bis.)
    C'est aujourd'hui, etc.

Sans remords, consacrons ce jour à l'allégresse ;
     Nous en avons le droit,   (bis.)
Puisque par le travail nous chassons la détresse
     De notre pauvre toit.   (bis.)
    C'est aujourd'hui, etc.

En ce temps de progrès, à notre âme éclairée
     Les plaisirs ne sont doux   (bis.)
Que lorsque nos enfants et leur mère adorée
     Sont heureux avant nous.   (bis.)
    C'est aujourd'hui, etc.

LE VIN DE FRANCE

RONDE ÉPICURIENNE.
Paroles de Joseph ÉVRARD.

AIR : *Ah ! quelle audace !*

Chanté par Mlle LEROYER, dans *Vive la joie !*

(FOLIES-DRAMATIQUES).

Joie et bombance ! — De vin de France !
Mon verre est plein, vide et plein tour à tour ;
Gloire ! espérance ! — Bon vin de France !
Tu nous rends tout : gaîté ; jeunesse, amour.

Que nous faut-il pour vivre heureux sur terre,
Pauvres mortels qui si vite passons ?
Il ne nous faut qu'une maîtresse, un verre,
De bons amis, du rire et des chansons !
Allons, Lisette ! — Allons ! grisette !
A verre plein, verse jusqu'au matin ;
Pour que l'aurore — Nous trouve et dore
Nos pâles fronts des roses de son teint !

Sur nos coteaux le pampre vert s'incline,
Les fruits dorés se grappent au soleil ;
D'airs tous joyeux égayant la colline,
Les vendangeurs chantent dès le réveil.
Quand de la grappe, — Le jus s'échappe,
Bacchus s'éveille et sourit au pressoir :
Vite, Érigone, — Remplis sa tonne,
Pour qu'à long traits nous y puisions l'espoir !

Loin des sentiers de la philosophie,
Laissons errer le poëte attristé.
Nos gais pipeaux, barbouillons-les de lie ;
Le vin fait croire à l'immortalité !
Ah ! sur nos têtes, — Grondez tempêtes !
Faut-il braver et la foudre et l'éclair ?
Sous la mitraille, — Faut-il qu'on aille ?
Quiconque a bu meurt sans avoir souffert.

Vous qui pleurez la maîtresse cruelle
Qui dans ses bras vous retenait jadis,
Rêviez-vous donc une beauté fidèle ?
Vraiment, sur terre il n'en est point ainsi :
Rose, Glycère, — Au bord du verre,
C'est votre oubli qu'a trouvé le buveur ;
Le vin désarme, — Que toute larme
Soit due au ceps de la dive liqueur !

Le vin d'Espagne, en sa coupe empalée,
Peut ruisseler au splendide salon ;
Mais n'as-tu pas, ô ma France adorée !
Bordeaux, Champagne, et Bourgogne et Mâcon !...
Ah ! dans vos fêtes, — Toujours poètes,
Célébrez-les, ces riches vins français !
Brennus s'indigne — Lorsque la vigne
N'inspire point vos plus riants couplets !

Puisque, malgré science, amour, génie,
On ne sait rien, rien du monde inconnu,
Quand vient l'instant de déserter la vie,
Heureux celui qui peut avoir vécu !
A nous, trouvère, — Le choc des verres,
Les gais accords, les tin-tins du cristal ;
A nous l'orgie, — Quand la folie
De ses flons-flons a donné le signal !

Oui, pour voguer vers la sombre demeure
Où tout mortel s'endort sans lendemain,
Pour chant du cygne, à notre dernière heure,
Ah ! puissions-nous chanter le verre en main !
Joie et bombance, — Du vin de France !
Mon verre est plein, vide et plein tour à tour ;
Gloire ! espérance ! — Bon vin de France,
Tu nous rends tout : gaîté, jeunesse, amour !

TROULALA.

BALANÇOIRE.

Air: *de la ronde du sultan Mustapha.* (S. Mangeant.)

Dans les journaux, jamais canard } *bis.*
Ne barbotta, mêm' par hazard ;
Sans la seule vrai vérité,
Jamais rien n'y fut inventé.

    Troulala, troula troulala,
    De croire à cett' blague, ma foi.
    Troulala, troula troulala,
    Je ne suis pas si bête, moi.

Voyez c' nouveau p'tit manteau bleu } *bis.*
Donner de la soup', verser du bleu...
Ce n'est pas pour la croix d'honneur,
C'est pour obéir à son cœur. — Troulala, etc.

De son coffre-fort, tous les ans, } *bis.*
Celui-ci tire cent mille francs ;
Est c' pour aider les malheureux,
Ou le public en styl' pompeux ? — Troulala, etc.

La courtisann' qui, dans son char, } *bis.*
Étale sa beauté sans fard,
A ses nombreux amants d'un jour
Ne donn' que le plus pur amour. — Troulala, etc.

Dans leur vin, toujours les marchands } *bis.*
Mê'ent de l'eau, dis'nt les méchants ;
Mais à tout buveur, selon eux,
Ils l' versent franc et généreux. — Troulala, etc.

Boucher, boulanger, épicier } *bis.*
Se ruineront à leur métier ;
Si l'on ne vient à leur secours,
L'hospic' verra finir leurs jours. — Troulala, etc.

La musique de l'avenir, } *bis.*
Chez nous saura bientôt r'venir ;
Alors, de ses charivaris,
Nous ferons nos airs favoris. — Troulala, etc.

L'an six mille soixante-deux, } *bis.*
Le soleil n'aura plus de feux.
Pour le coup, le mond' renversé
Sera comme un fromag' glacé. — Troulala, etc.

        GAILLARD.

VENTE ET SAISIE.

PARODIE.

Air : *La Saisie.*

De mes beaux jours, je prends le deuil,
Les huissiers ont forcé ma porte ;
La débine en franchit le seuil :
Un lit, c'est tout ce que j'emporte.
Le reste fut pillé, vendu,
Par autorité de justice.
Que par Satan, je sois pendu,
S'ils ont sur moi du bénéfice !
Merci, messieurs les gens de loi,
Vous êtes plus volés que moi.

On a vendu, vrai, c'est honteux,
Un Apollon, un saint de plâtre,
Une chaise servant pour deux,
Quand nous causions auprès de l'âtre.
Nous irons, voici le printemps,
Dans les buissons, sous la charmille,
Causer d'amour de temps en temps,
Écoutez l'oiseau qui babille,
  Merci, messieurs, etc.

L'on s'est tiraillé le portrait
De mon portier parfaite image,
Qu'un jour de flême j'avais fait ;
Le Louvre en eut reçu l'hommage.
Une guitare, un ébauchoir,
Par moi sont regrettés quand même ;
Sur le mirliton, chaque soir,
Je chanterai celle que j'aime.
  Merci, messieurs, etc.

Adieu, murs décrépits et nus,
De l'artiste, pauvre mansarde ;
Gaîté, santé sont revenues,
Le reste, aujourd'hui, me regarde.
Lisette, aux pertes et profits,
A placé ma convalescence ;
Nos seuls biens, par Dieu bénis,
Sont le travail et l'espérance.
  Merci, messieurs, etc. F. VERGERON.

A PROPOS DU PERCEMENT
DE
L'ISTHME DE SUEZ.

BLUETTE

Par Maxime GUFFROY.

———

Sur l'AIR: *Maman, les p'tits bateaux.*

REFRAIN.

En *Perse*
Comme à Paris,
Grands et petits,
Oui, chacun *perce.*
Même sans y penser,
Tout ici-bas cherche à *percer.*

Ce jeune ambitieux,
Pour avoir la fortune,
Infini dans ses vœux,
Percerait jusqu'aux cieux.
Cet autre, ardent boursier,
Fait des trous à la lune,
Et finit par rester
Percé comme un panier.
    En Perse, etc.

En prenant maint détour
Vers le divin Parnasse,
Ce rimeur à son tour
Prétend *se faire jour*

Même on voit des auteurs,
Critiques à la glace,
Des grands littérateurs
Percer les profondeurs.
  En Perse, etc.

Alexandre-le-Grand,
Mit les *Perses* en pièces.
Un rat peut de sa dent
Percer un trou fort grand.
Le maître tonnellier
Met en *perce* les pièces;
On voit maint ouvrier
Percer tout un quartier.
  En Perse, etc.

D'un horrible dragon,
Persée avec Pégase
Délivra, nous dit-on,
La captive d'Ammon.
D'un fourbe et d'un trompeur,
Et malgré leur emphase,
Percent le mauvais cœur
Et le peu de valeur.
  En Perse, etc.

Les eaux, en la minant,
Peuvent *percer* la pierre...
D'un rocher ce torrent
S'échappe en le *perçant*.
Vers plus d'un' ville enfin
Nos preux, creusant la terre,
La baïonnette en main,
Se *percent* un chemin.
  En Perse, etc.

Paris, A. HURÉ, éditeur et seul propriétaire,
rue Dauphine, 44, près le Pont-Neuf.

Tout exemplaire non revêtu du timbre de l'éditeur sera poursuivi comme contrefaçon.

Paris. — Typ. Chaumont, 6, rue Saint-Spire.

LA GRAMMAIRE
DE
BAGUASSE

SCÈNE COMIQUE.

Paroles de Joseph ARNAUD,

Musique de A^{te}-N^{las} SEGUIN.

La Musique se trouve chez **A. HURÉ**, libraire-éditeur, à Paris,
rue Dauphine, n° 44, près le Pont-Neuf.

Ze savais pas que pour parler
Fallait faire un tas de mystères,
Que ze peuve pas avaler,
Car z'entends rien à la grammaire.

Ze suis un enfant de Marseille,
Car on le sent dans mon assent;
On dit que ça blesse l'oreille,
Z'en vois pas le désagrément !
Moi, ze parle comme ma mère
M'a z'apprit quand z'étais petit;
Ze me fiche de la grand'mère,
Pourvu que z'aye de l'esprit.

PARLÉ. — Car on me fait suer quand z'entends parler
le français trop serré... Pourquoi s'exprimer d'une
manière qui semble qu'on a un os dans le gosier !... Le
bon Dieu nous a envoyé un alphubète, c'est pas pour

Album du Gai Chanteur. — 3e vol. 45e Livraison.

qu'on en manze les trois quarts des lettres : si on les a faites, c'est pour être prononcées... Enfin, l'autre zour, l'y avait un parisien de Paris qui se voulait ficher de moi... Ah ça ! voyons, que ze lui dis : vous qui faisez le malin avecqu' votre assent, qué différence vous y faites du nôtre ! — Ah ! qu'y me dit, c'est que nous autres, zens du nord... en parlant nous manzons les e. — Eh bin ! vous êtes un bel âne, que z'y dit ; et vous croyez que les zens du midi les mangent pas les œufs ? à la coque..., en omelette, durs ou dans le plat ? — Mais moi, ze vous parle des e muets. — Ah bin ! de plus fort en plus fort... Est-ce que par hazard nous manzeons les œufs qui parlent ? Ah ! ze sais que quand il en vient z'au monde, la poule il chante, mais pas plus ; et puis, que ça veut dire que vous êtes toujours sur notre assent. — Ah ! c'est que vous appuyez pas assez sur les syllabes et parlez trop d'une manière uniforme. — Eh bin ! vous êtes un gros n'imbécile, puisque vous trouvez que ze parle avec un uniforme ! quand z'étais de la garde nationale, ze dis pas le contraire ; mais à présent, qu'uniforme z'ai moi ? et puis, sur quoi vous voulez que nous s'appuyons ? Que c'est ça une sybabe, syguabe ?... — Mais vous comprenez rien alors ! A présent, ze vois que vous connaissez pas votre grammaire... — Allez vous coucher, allez ; ma grand'-mère, ze l'ai connue avant vous : c'était la mère de ma mère, qui était la fille de sa mère de mère en fille. Que vous venez me chanter là ! aussi...

 Ze savais pas que pour parler, etc.

  Pourvu qu'on puisse me comprendre,
  C'est dézà plus qu'il ne m'en faut,
  Car z'ai zamais pu rien apprendre ;
  Pourtant, ze suis pas un nigaud.
  Z'aime les sozes qui sont claires,
  Qui ne donnent pas du tintoin ;
  Non pas de toutes ces grand'mères,
  L'embêtance et le baragouin.

PARLÉ. — Car vous avez des zens qui, dans la conversation, vous fissent des isses... des asses et des usses n'en veux-tu, n'en voilà... Les esses, ça, ze le comprends... pourquoi, ze crois qu'on peut rien faire sans *laisse* ; ça attache... ça lie bien les paroles... ; et puis, à l'heure

d'auzourd'hui, tout se fait *par-esse*... eh voui! *car-esse*
est la plus douce et la plus agréable à la bouche...
Maintenant, ne parlons pas des *grossesses* ni des
petitesses et des *faiblesses* sans *délicatesse*, que font
bien des zens; mais pour parler avec *sagesse* et *zustesse*,
nous ressepeter la *vieillesse* et recercer la *zeunesse*,
quand il y a de la *noblesse* et de la *zentillesse*... Est-ce
que ze n'ai pas raison? — Voui, qui me fait... mais... —
Mais, quoi?... Ecoutez, moi z'ai pas reçu d'enducation;
ze suis pas fort ni sur l'*alchèvre*, ni sur le *système des
triques*, et ni sur les *maprimapipes*; pourquoi z'entends
rien à la *fillasophie*, mais ze me fais très-bien comprendre... aussi...

  Ze savais pas que pour parler, etc.

  Il voulut conter des bêtises,
  Pourquoi z'étais un marseillais;
  Mais de toutes ses balourdises,
  Ze lui fit faire le rabais.
  C'est vrai, ces zens sont ridicu'es,
  Car ils croyent de tout savoir;
  Vous font avaler leurs pillules,
  Et sans vous en apercevoir.

PARLÉ. — Mais moi, qui ait un œil que c'est un œil...
ze l'ai mis au pied de la muraille... Il voulait me faire
l'*article* sur sa *grand'mère* de chien, en me disant que
dans les écoles chacun *participe* à la connaître; et puis,
il voulait me faire accroire que pour bien s'exprimer, il
fallait connaître à fond toutes les *sussetantifs, ajustifs,
conjointifs, suprumotifs* et *indigestifs*... Eh bin! est-ce
que vous croyez que c'est des *noms propres*, ça? mais,
c'est qu'il y en a un *infinitif*, et tous plus *embêtifs*...
Enfin, vous allez voir la *blague* qu'il a voulu me faire
avaler...: il me dit qu'un zour, l'y avait l'*e muet* qui
voulait à toute force faire une conjugaison avec une *lâche
muette* qui n'aspirait que la débauce et les plaisirs;
pourquoi elle était entourée que de mauvais *sujets*.
Ecoutez-bien cet *âne-à-lise*, qu'il est bête comme tout,
car c'est pas *lozique*: Voilà que cette *lâche muette*, il
avait une grande *inversion* pour ce *trait-d'union*, et ce
pauvre *e muet* l'y avait fait des *prépositions*... *conzuga-
bles* à cette *personne*; il l'y avait fait un *infinitif* de

signes *démonstratifs relatifs* à cette *conjonction*; mais, comme il disait zamais rien, vu qu'il avait le *verbe neutre*, il fut *passif* de supporter un refus *qualificatif*; aussi il prit un prozet *déterminatif*, c'était d'aller demander une explication *active* et *unipersonnelle*. Il arrive et il sonne; voilà que la *lâche muette* fait au portier... (*signes de muets*) : ze crois qu'on sonne; voye elle, lui dit en signe; alors le portier répond : (*signes*) C'est l'*é muet*. Le portail *é ouvert!* (*Signes.*) Eh! si ze l'*é fermé*, qu'elle lui fait d'un zeste en *assent aigu*, et puis d'un autre plus *grave*? Lui z'ordonne d'ouvrir. *Le muet* rentre et elle l'invite à s'asseoir d'un zette *indicatif*... Je vous trouve bien *singulier*, qu'elle lui fait d'un ton *interrogatif*, (*signes*) de venir me rentretenir sur ce *point*? A cette *apostrophe*, le *futur présent* se dresse comme une *virgule*, lui montre les *deux poings* et lui fisse un *assent circonflexe* sur la zoue. Elle pousse un cri *exclamatif!* En dedans et par *parenthèse*, elle tombe sur son *prétérit postérieur*; l'on court cercer l'apothicaire qu'il était d'une *ponctuation adverbiale* : en rentrant, il s'informe de l'état *présent* de la malade, demande ce qui s'est *passé*, et après que la giffle lui a été confirmée, il lui administre une *interjection*. Eh bin! est-ce que vous croyez qu'on peut avaler une blague comme ça du bon côté? Allons donc! ni d'un côté, ni que de l'autre.

   Ze savais pas que pour parler
   Fallait faire un tas de mystères,
   Que je peuve pas avaler,
   Car z'entends rien à la grammaire.

VOGUONS,
LA MER EST BELLE

Air de : *Ma Chanson ou les Enfants de Bacchus.*

D'un tuteur importun ne crains pas la colère,
L'amour veille sur nous ; tout cède à son pouvoir,
Il règne en souverain dans les cieux, sur la terre,
Et des amants jamais il ne trompa l'espoir.

REFRAIN.

Voguons, ô mon Emma ! voguons, la mer est belle ;
La vague mollement soulève ma nacelle,
Le zéphir amoureux la pousse loin du bord :
Voguons, voguons ; ce soir, nous reviendrons au port.

De la ville déjà s'affaiblit le murmure,
Déjà l'on n'entend plus ses pleurs, ses cris joyeux ;
De nos côteaux boisés la riante verdure,
Dans le sombre lointain, disparaît à nos yeux.
   Voguons, etc.

Regarde le soleil briller sur notre tête,
Son disque radieux embrase l'horizon ;
Le feu de ses rayons dans les eaux se reflète,
Et, semblable au saphir, brille sous l'aviron.
   Voguons, etc.

L'immensité des flots devant nous se déroule.
Emma, l'immensité !... que ce mot fait rêver !...
Éternité du temps qui lentement s'écoule,
Vaste infini des cieux, flammes d'un doux baiser !
   Voguons, etc.

Dans ce rêve sans fin, confondant nos deux âmes,
Jurons-nous, tendre amie, un éternel amour ;
Que le feu le plus pur nous brûle de ses flammes,
Que pour nous le bonheur date de ce beau jour !

Voguons, ô mon Emma ! voguons, la mer est belle.
La vague mollement soulève ma nacelle,
Le zéphir amoureux la pousse loin du bord :
Voguons, voguons ; ce soir, nous reviendrons au port.

        GAILLARD.

LE BIJOU DES DAMES

Chansonnette par A. LAMY, Musique de A. LAGARD.

La Musique se trouve chez **A. HURÉ**, libraire-éditeur, à Paris, rue Dauphine, n° 44, près le Pont-Neuf.

On peut aussi la chanter sur l'Air : *Voilà l' zouzou, voilà le zouave*

Foi d' Jean Niquois, c'est moi qu'est l' coq
Des garçons d' vingt lieues à la ronde ;
Aussi mon cœur qui n'est point d' roc,
S'enflamm' pour la brune z-et la blonde.
Femmes, fillett's au moindre choc
S' disent dans le fin fond d' leuz âmes :
    Voilà l' bi bi,
    Voilà l' jou jou,   } *bis.*
  Voilà l' bijou chéri des dames.

Dam', c'est qu'on n'est point mal bâti,
Du monde on sait les bell's manières,
Et pour la finesse et l'esprit
On en r'vendrait à pèr's et mères.
Aussi près du sesq' qui m' chérit,
Amour! en pacha tu m' proclames ;
    Car j' suis l' bi bi,
    Car j' suis l' jou jou,   } *bis.*
  Car j' suis l' bijou chéri des dames.

L' dimanch', quand j' pinçons l' rigodon,
Faut m' voir balancer avec grâce,
Et su' l' marché si j' paraissons,
Chacune m'admir' quand je passe ;
On dirait un' révolution,
Les maris font rentrer leurs *fâmes ;*
    Car j' suis l' bi bi,
    Car j' suis l' jou jou,   } *bis.*
  Car j' suis l' bijou chéri des dames.

Si j' voulions, j' pourions dans l' canton
Choisir au moins cinquante épouses,
Chacun' veut d' moi, qu' c'est un guignon ;
Mais j' voulons point faire d' jalouses.
Comm' mon papa, j' rest'rons garçon,
Malgré les jaloux et leurs trames.
    Et j' s'rons l' bi bi,
    Et j' s'rons l' jou jou,
  Et j' s'rons l' bijou chéri des dames.
    Voilà l' bi bi,
    Voilà l' jou jou,
  Voilà l' bijou chéri des dames.

RONDE
DES
CHIFFONNIERS

Extrait du Roman

Les CHIFFONNIERS de PARIS,

Par TURPIN de SANSAY.

AIR : *Eh! le cœur à la danse,*
ou *la Bouquetière et le Croque-Mort.*

Les chiffonniers sont d' bons enfants,
   Dont l'humeur n'est pas fière,
Et qui parlent, sans prendr' de gants,
   Aux gens à bell' manière;
   Car, pour euss', l'égalité
   Est une vrai' vérité.
     Vive l'indépendance!
Versez du schnick, versez amis,
   Et buvons à la France,
   Chiffonniers de Paris!

L' chiffonnier est toujours galant
   Envers les femm's du sesque;
Mais ils les mèn'nt tambour battant,
   Alors qu'il voit qu'on l' vesque.
   Pour l' chiffonnier, l' conjungo
   Doit êtr' sans l' plus p'tit accroc...
     Buvons à la famille!
Versez du schnick, versez, amis,
   La femme est l' chef de file
   Des chiffonniers d' Paris.

Y a des gens qui sont tout d' travers
 Et qu'ont pas bonne tournure :
Ça s' voit dans l' mond' de l'univers,
 Composé d' bariolure.
 Si l'on a l' mollet mal fait,
 En r'vanche on a l' cœur bien fait ;
 Moquons-nous d' la figure !
On voit de brav's gens mal bâtis ;
 Buvons à la droiture,
 Chiffonniers de Paris.

Les chiffonniers, en travaillant,
 Ont toujours les mains sales,
Mais leur conscience est blanche en d'dans,
 Et nett' de tous scandales.
 Il est plus d'un opulent
 Qui n'en peut pas dire autant !...
 Remplissons not' timbale.
Versez du schnick, versez, amis ;
 Buvons à la morale,
 Chiffonniers de Paris.

Quand la patri' court des dangers,
 Et qu'il faut d' la vaillance,
Ne voit-on pas l' brav' chiffonnier
 Voler à sa défense ?
 Pour le chiffonnier, l'honneur
 Est le frèr' de la valeur.
 Aux succès, il faut boire !
Versez du schnick, versez, amis ;
 Trinquons à la victoire,
 Chiffonniers de Paris.

J'AI CINQUANTE ANS!

ROMANCE.

Paroles de J.-B. COIGNET, Musique de V. ROBILLARD.

La Musique se trouve chez **A. HURÉ**, libraire-éditeur, à Paris, rue Dauphine, n° 44, près le Pont-Neuf.

J'ai cinquante ans, c'est déjà trop, sans doute !
Qu'y faire, hélas ! je n'en peux rien ôter ;
Il faut marcher lorsqu'on s'est mis en route,
Ce n'est qu'au but que l'on doit s'arrêter.
Battu des flots, luttant contre l'orage,
Près de tomber, je nargue les autans ;
Je ne peux plus éviter le naufrage :
J'ai cinquante ans ! j'ai cinquante ans !

J'ai cinquante ans, adieu les rêveries
Que me causaient les amoureux plaisirs ;
Je n'entends plus que tristes railleries
Sur la vieillesse et sur ses vains désirs.
La beauté fuit ; il faut céder la place,
Car elle a peur des cheveux grisonnants.
Que voulez-vous, mesdames, que j'y fasse ?
J'ai cinquante ans ! j'ai cinquante ans !

J'ai cinquante ans, cet âge est triste à dire !
De mon réduit, l'amour s'est envolé ;
Du temps présent, j'ai le droit de médire ;
Au coin du feu on me laisse isolé.
Je vous vois rire, ah ! méchante jeunesse !
Vous apprendrez un jour, à vos dépens,
Qu'on est trompé par femme, ami, maîtresse :
J'ai cinquante ans ! j'ai cinquante ans !

J'ai cinquante ans, je le sais, et j'enrage ;
N'en parlons plus, mes amis, par pitié !
Tout ce que j'ai, je le mettrais en gage,
Si Dieu voulait m'en ôter la moitié.
Je saurais mieux employer ma jeunesse,
J'effeuillerais les fleurs de mon printemps ;
Leur doux parfum cause encor mon ivresse :
J'ai cinquante ans ! j'ai cinquante ans !

LES BAISERS D'UNE MÈRE

CHANSON.

Paroles de Joseph ÉVRARD.

Air: *Un froid grenier, une mansarde sombre.*

A peine encore au printemps de la vie,
Enfant, tu veux t'éloigner à jamais
Du toit paisible où ta meilleure amie,
Ta mère, enfin, doit pleurer désormais !
Ses doux baisers, quelque aimable Glycère
Bientôt, dis-tu, te les remplacera...
— Enfant, crois-moi, les baisers de ta mère
Te vaudront mieux que tous ces baisers-là.

Tu ne sais rien des choses de ce monde,
Et veux braver l'océan du trépas !
Esquif battu sur cette mer profonde,
Ferme ton cœur aux baisers des Judas.
Notre amitié, tel qui la croit sincère,
Aux mauvais jours en vain l'implorera :
— Enfant, crois-moi, les baisers de ta mère
Te vaudront mieux que tous ces baisers-là.

De l'idéal effeuillant la couronne,
Tu crois le monde ainsi qu'est fait ton cœur !
A ses baisers ton âme s'abandonne ;
Mais sous le masque est un sourir' moqueur.
Tu verseras plus d'une larme amère,
Quand leur laideur sombre t'apparaîtra :
— Enfant, crois-moi, les baisers de ta mère
Te vaudront mieux que tous ces baisers-là.

Mais bien à tort, enfant, ma voix t'attriste ;
Suis ton destin... c'est la commune loi !
Pour condamner une foule égoïste,
Il faut avoir un jugement à soi...
Homme, à ton tour tu diras, je l'espère,
Au jeune ami que ton cœur guidera :
— Enfant, crois-moi, les baisers de ta mère
Te vaudront mieux que tous ces baisers-là.

V'LA COMM' J'AIME.

CHANSONNETTE,

Paroles de **EUGÈNE DE RICHEMONT**,

Musique de **Victor Robillard**.

La Musique se trouve chez **A. HURÉ**, libraire-éditeur à Paris, rue Dauphine n° 44, près le Pont-Neuf.

Chacun a sa façon d'aimer :
L'un vous enrichit de promesses ;
Un autre croit tout exprimer
Par des soupirs et des tendresses...
Tout ça c'est fade et sans saveur
Comm' un plat dîner de carême...
Qu'on soit rude mais franc de cœur :
    V'là c' que j'aime.   (*bis.*)

Près du sexe, nos beaux lions
S'épuisent en galanteries ;
Ils offrent des fleurs, des bonbons,
Enfin un tas de friperies.
En amour, quand j'ai du nouveau,
Je traite ça comme moi-même,
Avec d' la salade et du veau :
    V'là comm' j'aime.   (*bis.*)

On nous répète, avec raison,
Qu'il faut finir par prendre femme,
Et que sans elle la maison
Serait, hélas ! un corps sans âme ;
Mais faut qu'ell' soit fidèl' tout d' bon
Et qu'elle travaille de même,
Ou j' tap' dessus ferme et d'aplomb :
    V'là comm' j'aime.   (*bis.*)

Si le ciel me donne un enfant,
Je veux qu'il ressemble à son père,
Quant au moral, cela s'entend ;
Le reste regarde la mère.
Comm' moi, s'il est homme de bien,
J' tach'rai d'en avoir un deuxième ;
J'en ferai dix, j'en ferai vingt :
    V'là comm' j'aime.   (*bis.*)

Jadis, quand je servais l'État,
Un jour une balle ennemie,
M'ayant frappé dans un combat,
C'est l' vin qui me sauva la vie ;
Et pour prouver à c' jus divin
Que ma r'connaissance est extrême,
J'en bois sec du soir au matin... :
    V'là comm' j'aime.   (*bis.*)

Un homme est-il dans le malheur,
On voit chacun, jusqu'à ses proches,
Le plaindre, mais avec aigreur,
Et tout en lui fermant leurs poches.
Au diable soient tous ces bavards
Et leur amitié froide et blême !
Je n'ai qu'un sou, voilà deux liards :
    V'là comme j'aime.   (*bis.*)

Paris, A. HURÉ, éditeur et seul propriétaire,
rue Dauphine, n° 44, près le Pont-Neuf.

Tout exemplaire non revêtu du timbre de l'éditeur sera poursuivi comme contrefaçon.

Paris. — Typ. CHAUMONT, 6, rue St-Spire.

LE PARADIS PERDU

POT-POURRI BIBLIQUE
Par J. MARIE.

AIR : *Muse des bois et des accords champêtres, ou T'en souviens-tu ?*

Je me souviens avoir, dans ma jeunesse,
Lu quelque part que nos premiers parents
Passaient leurs jours, enivrés de paresse,
Dans un local dont ils étaient contents ;
Ne craignant pas de leur propriétaire,
Tous les trois mois, surtaxe à leur loyer,
Par la raison qu'alors le locataire
N'avait encore de terme à payer.

AIR : *Tout le long, le long, le long de la rivière.*

Dans cet Éden, séjour charmant,
Plus beau que le Pré Catelan,
Sans gardien de ville ou champêtre,
Ils avaient là tout le bien-être ;
Pouvaient marcher sur le gazon
Sans avoir peur de la prison.
Adam buvait, fumait, lisait Racine,
Ève tricotait, brodait sans crinoline,
Ève tricotait sans crinoline.

AIR : *De la Partie carrée.*

Enfin, tous deux formaient une famille
En réunion des autres animaux ;
Mais le serpent, aussi fin que l'anguille,
Devait troubler des jours si bons, si beaux !
Le bon Adam avait pour habitude,
Las qu'il était de n'avoir qu'à prier,
De reposer sa douce quiétude
A l'ombre d'un pommier, à l'ombre d'un pommier.

AIR : *Du Roi d'Yvetot.*

Le serpent savait bien cela ;
Aussi, le mauvais drôle,
Un jour, rampant deci, delà,
Fascine Ève et l'enjô'e ;
Lui jetant un mal'n regard,
Il lui dit d'un grand air cafard,

Album du Gai Chanteur. — 3ᵉ vol. 46ᵉ Livraison.

A part :
Oh ! oh ! oh ! oh ! ah ! ah ! ah ! ah !
Le joli pommier que voilà !
La, la !

AIR : *Marguerite, fermez les yeux.*

« Tudieu ! ah ! sapristi ! que ces pommes sont belles !
« Est-ce de la rainette ou bien du châtaignier ?
« Hélas ! comment peut-on, reposant auprès d'elles,
« N'y jeter que les yeux ; c'est à s'en indigner !...
« Goûtez-y donc un peu, vous me direz l'espèce
« A laquelle appartient ce fruit délicieux. »
Ève lui répondit : « La défense est expresse,   ⎫
« Et toucher à ce fruit, c'est la mort pour tous deux. » ⎬ *bis.*

AIR : *Toto, Carabo.*

Vous me la donnez bonne,
Lui répond le méchant,
   Sifflotant ;
Croyez-moi, la personne
Qui vous a dit cela
   N'est pas là.
  Ne craignez donc pas,
  Et ne pensez pas
A ce prochain trépas ;
  Dans tous les cas,
  Pour un repas,
Elle ne le saura pas.

AIR : *Elle aime à rire, elle aime à boire.*

L'envie avec la gourmandise,
Toutes deux se donnant la main,
N'attendent pas au lendemain
Pour entrer chez Ève surprise.
L'enfant, sans se faire prier,
Goûta bel et bien de la pomme ;
Puis, ayant secoué son homme,
Elle dévalisa le pommier.

AIR : *Dépêchons, dépêchons, dépêchez-vous donc.*

Saperjeu ! qu'avez-vous fait là ?
  — Dit tout en colère
De l'Éden le propriétaire. —
Ève ! Adam !... qu'on réponde... Holà !...
J'avais défendu de manger cela...
   Sois puni
   Et banni,
  Couple ingrat, pervers !
Quelle intempérance et quelle désobéissance !...

    Les travaux
    Et les maux,
   Par tout l'univers,
Vont fondre sur vous ! Ah ! vous sentirez mon courroux !
   Air : *Dis-moi, soldat, dis-moi, t'en souviens-tu ?*
A mes leçons, femme, tu fus rebelle,
Dès aujourd'hui par moi tu souffriras :
Tu laveras à jamais la vaisselle
Et du mari rapièceras les bas ;
Du macadam tu brosseras la crotte
Qui garnira ses affreux pantalons ;
Dans cette boue, je veux que tu barbotes
Depuis les pieds jusqu'au haut des jupons.
    Air : *La Catacoua.*
 Adam, toi qui fus son complice
 Et qui manquas de fermeté,
 Qui n'a pas compris l'artifice
 De ce démon de volupté,
Comme un malheureux mercenaire
 Désormais tu travailleras,
  Tu ramperas ;
  De plus, auras
Des médecins et portiers sur les bras,
 Et tu seras commanditaire
 De sociétés qui n'en sont pas.
   Air : *A peine au sortir de l'enfance.*
Enfin, tous deux vous aurez des coliques,
Torticolis, migraines et cœtera ;
Du *Figaro* vous lirez les chroniques
Et vous irez dormir à l'Opéra.
Pour achever ces souffrances insignes,
A *l'Union* vous serez abonnés...
Partez donc : vous êtes indignes
D'être à jamais, non, jamais pardonnés !
   Air : *Bon voyage, cher Dumolet.*
   Là-dessus,
  Fermant aux verroux
De ce séjour la grand' porte-cochère,
   Par-dessus
  Il vit les époux,
Le nez baissé, ici-bas, fi'er doux.
Après il mit un ange en sentinelle,
Ayant l'ordre de ne laisser entrer
De Mortara et de Bluth l'infidèle
Que les appuis pour les y enfermer.

DIG DOG.

CHANSON A BOIRE
Par Charles LETELLIER.

Air: *A la ronde, buvons donc!*

REFRAIN.

Et dig dog, dig dog, buvons tous
Bordeaux, Bourgogne et Champagne,
Et dig dog, dig dog, buvons tous
  De ce vin qui nous rend fous.

C'est dans un festin
Qu' mon pèr' vit ma mère;
Il obtint sa main
En grisant l' beau père.   — Et dig dog, etc.

Quand mon pèr' criait,
Voyez la merveille,
Ma mèr' l'apaisait
Avec un' bouteille.   — Et dig dog, etc.

J' suis né dans l' caveau
D'une vigneronne;
On m' fit mon berceau
Dans le fond d'un' tonne.   — Et dig dog, etc.

A l'âge d'un an,
L' premier mot d' ma bouche
N' fut point pour maman,
Mais pour c' qui s' débouche.   — Et dig dog, etc.

A vingt ans, j'aimais
Femme un peu cruelle;
Mais l' vin que j' versais
Me livra la belle.   — Et dig dog, etc.

Les amours fuiront
A la soixantaine;
Mais les vins rest'ront
Pour notre bedaine.   — Et dig dog, etc.

L'un veut de l'argent,
L'autr' veut de la gloire :
J' suis moins exigeant,
Moi, j' demande à boire.   — Et dig dog, etc.

Non, j' n'aurai jamais
D' goût pour l'eau d' rivière;
Pour du vin, j' chang'rais
Ma bouche en gouttière.   — Et dig dog, etc.

On croit que c' vin gai
M' f'ra dir' quéqu' bêtise;
C'est une erreur, j'ai
D' l'esprit quand j' me grise.   — Et dig dog, etc.

Mais j' vais en finir,
Car, veuillez m'en croire,
J'ai bien moins d' plaisir
A chanter qu'à boire.

Et dig dog, dig dog, buvons tous
Bordeaux, Bourgogne et Champagne,
Et dig dog, dig dog, buvons tous
  De ce vin qui nous rend fous.

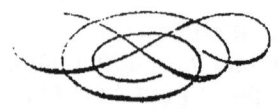

AUX MANES DE BÉRANGER.

LE BAPTÊME DE L'IMMORTEL.

Paroles de M. VEMARD.

Digue, digue, dig, din, dig, din, don,
    Ah! que j'aime
    A sonner le baptême
De l'immortalité d'un grand nom ;
  Sonnons fort et sonnons bon :
    Din, don. (*bis*.)

Pour certains, la mort n'est que la vie ;
Ils acceptent gaîment ses cartels.
Quand leur âme à la terre est ravie,
Moi, je sonne ici les immortels.   — Digue, etc.

Tour à tour j'ai sonné le poète,
Les penseurs, les rois et les guerriers ;
Quand là-bas tombe une illustre tête,
Moi, je sonne ici pour les lauriers   — Digue, etc.

J'ai sonné ce héros plein de gloire,
Dont un peuple entier chantait le nom ;
J'ai sonné le dieu de la victoire :
Saluez!..... c'était Napoléon.   — Digue, etc.

J'ai sonné pour Socrate et Voltaire,
Ces glorieux fils de l'humanité ;
Béranger vient de quitter la terre :
Sonnons fort son immortalité.   — Digue, etc.

Il n'est plus, c'est alors qu'il existe
Le sincère et modeste ouvrier ;
Des élus il va grossir la liste :
Sonnons fort pour le gai chansonnier   — Digue, etc.

Il chanta l'amour et l'espérance,
La patrie et jamais l'étranger ;
Tous ses vers sont frappés pour la France :
Sonnons fort, sonnons pour Béranger. — Digue, etc.

Il dort là ! vite que l'on apporte
Près de lui des lauriers et des fleurs ;
Il se taît..... et la chanson est morte !
Sonnons fort, je sens couler mes pleurs. — Digue, etc.

Sonnons fort, et que la France entière
Au poète élève un piédestal ;
Inscrivons sur le marbre et la pierre :
Honneur, honneur au cygne national.   — Digue, etc.

LA VIE
A VINGT ANS.

RONDE LATINE.
Par Marc CONSTANTIN.

La Musique se trouve chez **A. HURÉ**, libraire-éditeur, à Paris, rue Dauphine, n° 44, près le Pont-Neuf.

Folle jeunesse, aimable insouciance,
Dont les souhaits s'exhalent en soupirs,
Pour vous la vie est une arène immense,
Dont les chagrins sont encor des plaisirs.
Dans un grenier, au pays des Écoles,
Faute de siége, assis sur un grabat,
Vous oubliez les doctes paraboles
Entre une chope, un livre et du tabac !
Le Droit romain gît au fond d'une armoire ;
Près de Jenny, pourquoi l'interroger,
Et je ne vois, pour tout livre d'histoire,
Qu'Henry Muger, Balzac et Béranger !

Voici le soir, l'orchestre vous appelle,
C'est le Prado, Mabile ou les Lilas !
On peut offrir galamment à sa belle
Des compliments et des panatellas !
Au mois des fleurs, la campagne vous tente,
Mais sans argent comment jouir du ciel !
Heureusement que vous avez ma tante,
Et qu'il vous reste un oignon paternel !
Arthur, Adèle, Anatole et Clémence,
Partent dîner sous quelque ombrage vert !
On rit, on boit, on cause, on chante, on danse,
Et les baisers remplacent le dessert.

Changer d'amour au bout d'une semaine,
Et se brouiller pour un coup d'éventail,
On se reprend, et l'on chérit sa chaîne,
Qu'à trois, six, neuf, on vient de passer bail !
Pour oublier l'infidèle Julie,
Vous devenez infidèle à Clara,
Qui le devient à Léon, qu'elle oublie,
Lequel oublie à son tour Amanda !
Vous préférez leurs lèvres souriantes
Aux longs discours des docteurs de l'endroit ;
Et vous suivez un cours d'étudiantes,
Au lieu d'un cours d'Hypocrate ou de Droit !

De ce bouquet de roses butinées,
Vous travaillez à l'ombre, et c'est ainsi
Que vous passez vos plus belles années
Du Panthéon au carrefour Bussy !
Que vous faut-il pour briller en ce monde,
Ou pour prétendre à quelque heureux hymen ?
De grands yeux noirs, une moustache blonde,
Et vous ferez, pour sûr, votre chemin.
Pays Latin, poétique bohême,
Où vous nichez les amours au printemps,
Ah ! pour aimer comme là-bas on aime,
Charmant pays, que n'ai-je encor vingt ans !

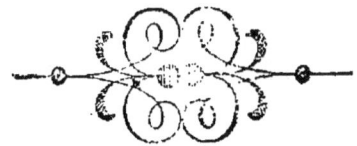

LE MENDIANT.

MÉLODIE.

Paroles de Léon MAUD'HEUX,

Musique de Ernest POIGNÉE.

La Musique se trouve chez **A. HURÉ**, libraire-éditeur à Paris,
rue Dauphine, n° 44, près le Pont-Neuf.

Petits enfants, écoutez la prière
Du malheureux qui vers vous tend la main,
Un peu de pain pour calmer sa misère,
Peut-être, hélas ! vous mendirez demain !

J'eus comme vous une mère chérie,
Dont les baisers, les caresses d'amour,
Ont embelli le printemps de ma vie,
Mais, ô malheur, je la perdis un jour !
    Petits enfants, etc.

J'eus des amis au temps de ma richesse,
Je crus longtemps à leurs serments trompeurs,
Hélas ! un jour, la fortune traîtresse,
M'a tout repris, ils m'ont fermé leur cœur !
    Petits enfants, etc.

J'ai tout perdu, bonheur, amour, richesse,
Et les chagrins ont blanchi mes cheveux ;
Plus un enfant pour guider ma vieillesse,
Plus un ami pour me fermer les yeux !
    Petits enfants, etc.

LES QUATRE AGES DE LISETTE

Paroles de Joseph ÉVRARD.

Air : *de la Grisette charitable.*

Hier, j'étais pensif auprès de l'âtre,
Lorsqu'à mes yeux, Lise apparut soudain ;
Je la voyais souriante, folâtre,
J'aurais voulu presser sa douce main.
Comme autrefois, la voix de son poète
Semblait chanter au sylphe du printemps ;
Gentils amours, qui peuplez ma chambrette,
Souriez-moi ; Lisette a dix-huit ans.

C'est elle encore ! je la revois, c'est elle ;
Son doux regard, hélas ! semble attristé.
Du sein des fers, chantre au malheur fidèle,
Son noble ami chante la liberté.
Elle s'en va soucieuse, à la brune,
Vers un cachot porter ses pas constants ;
C'est l'amitié visitant l'infortune.
Tombez verroux ! Lise a bientôt trente ans.

Quand de la France, ivre encore de conquête,
Vingt rois unis renversaient l'étendard,
Chants courageux, nés d'un jour de défaite,
De vos succès Lisette eut bien sa part.
La foudre éclate, et du chantre qu'on prône,
Les trois grands jours vont fêter les accents :
Lisette alors, voit s'écrouler un trône...
Gloire ! salut! Lisette a cinquante ans.

Au coin du feu, la voici bonne vieille,
De son ami répétant les chansons ;
Sa blanche main, des fleurs de sa corbeille,
Pour l'indigence a fait d'amples moissons.
Sur un palais, un autre orage gronde :
Chantez pour lui, dit-elle, ô jeunes gens !
Son bras trop vieux est las du poids d'un monde.
Chansons, adieu !... Lisette a soixante ans...

Et maintenant ils dorment sous la pierre :
Au souvenir de deux si nobles cœurs,
Enfants du peuple, aux croix du cimetière,
Ah! suspendez vos couronnes de fleurs !
— Quand nous ornons notre simple mansarde
Des traits chéris du Dieu des bonnes gens,
Du haut des cieux, Lisette nous regarde,
Et Béranger sourit à nos doux chants.

LA FÊTE
DE
LACHAMBEAUDIE
CHANT.
Par Henri TURENNE.

AIR : *La Fête du pays.*

Honneur à qui dans sa patrie
Obtint les plus nobles succès :
Je veux chanter Lachambeaudie,
Le fabuliste des Français.
Comme il soutient le prolétaire,
Courbé par de trop longs travaux !
Aux malheureux, il dit : « Espère !
L'espoir adoucira tes maux. »
Car le bonheur de son semblable,
C'est là son rêve favori.
Gaîment chantons à cette table,
Car c'est la fête d'un ami. (*bis.*)

O toi ! qui veux ceindre la tête
Du grand penseur et du guerrier !
France, tu dois à ce poète
Une couronne de lauriers.
Gloire de la littérature,
Il suit le sentier de l'honneur ;
Des sentiments de la nature,
Il nourrit l'esprit et le cœur.
Aux divins accords de sa lyre,
Chacun de nous est attendri :
Chantons ce qu'elle nous inspire,
Car c'est la fête d'un ami. (*bis.*)

Digne émule de Lafontaine,
Ses chants ont un attrait nouveau ;
C'est de la source d'Hippocrène
Que s'échappa *La goutte d'eau.*
L'ombre, l'orchestre, le nuage
Sont tracés avec vérité :
Cette morale douce et sage
Charmera la postérité.
A l'espoir, enfin, je me livre ;
De ces tableaux toujours ravi,
Je voudrais citer tout son livre,
Car c'est la fête d'un ami.   (*bis.*)

Il fut exilé de la France,
De son pays qu'il aimait tant !
Mettant un terme à sa souffrance,
Elle a rappelé son enfant.
Jouissant d'un sort plus prospère,
Il chantera, j'en ai l'espoir.
Célébrons, par le choc du verre,
L'heureux plaisir de le revoir.
Pour fêter son délire aimable,
Sablons le Champagne et l'Aï ;
Il a régénéré la fable :
Chantons la fête d'un ami.   (*bis.*)

Paris, A. HURÉ, éditeur et seul propriétaire,
rue Dauphine, n° 44, près le Pont-Neuf.

Tout exemplaire non revêtu du timbre de l'éditeur
sera poursuivi comme contrefaçon.

Paris. — Typ. CHAUMONT, 6, r. St-Spire

VOUS ALLEZ VOIR
CE QUE
VOUS ALLEZ VOIR !

SCÈNE COMIQUE.

Paroles de F. VERGERON,

Musique de FÉLIX JOUFFROY.

La Musique se trouve chez **A. HURÉ**, libraire-éditeur, à Paris, rue Dauphine, n° 44, près le Pont-Neuf.

(PARLÉ.) Mesdames et Messieurs, vous allez voir ce que vous allez voir : une chose merveilleuse que vous n'avez pas encore vu ; car, je ne vous montrerai pas, comme tant d'autres, des chiens, des chats, des singes savants, la puce militaire exécutant la charge en douze temps sans se tromper et montant à cheval comme un garde national... Je ne vous donnerai pas la peine de me demander qui je suis ; vous allez avoir l'honneur de l'apprendre : je suis le grand, le célèbre, l'illustrissime Belphégor Parapharagus, médecin en chef ordinaire et extraordinaire de sa majesté Kankinkaza-Kikousba, premier roi des Iroquois. Mais, me direz-vous, d'où viens-tu ? et je vous répondrai : je viens de deux mille lieues plus loin que l'autre bout du monde, d'où je rapporte, mesdames et messieurs, des trésors incalculables que j'emploie au soulagement de l'humanité souffrante ; donc, je ne vous vendrai pas de la graisse d'ours de Sibérie, prise sur l'animal vivant, pour faire repousser les cheveux, les sourcils et la barbe, de la graine de fraisiers d'Islande donnant naissance à un végétal de trois mètres quatre-vingt-dix-neuf centimètres de haut; et pourtant, j'ai l'honneur de vous le répéter, vous allez voir ce que vous allez voir; ce que moi-même, qui ai visité toutes les capitales de l'Europe et toutes les parties du monde : l'Asie, l'Afrique, l'Amérique, l'Océanie, Quimper-Corentin et Brives-la-Gaillarde, je n'ai jamais vu nulle part. Attention, et en avant la musique.

REFRAIN.

Battez, tambours ! sonnez, trompettes !
Approchez-vous garçons, fillettes ;
En avant, grrrrrand bacchanal !
    Jouez, musique,
    L'hymne magique.
D'zin badaboum, d'zin badaboum,
    Tohu-bohu infernal !

J'ai parcouru toute la Chine,
Les îl's Açor's, la Cochinchine,
Le golfe du Nikaragua,
L'île du Nankakagoura.
J'ai parcouru toute l'Afrique,
Toutes les côtes d'Amérique,
Et j'en rapport', c'est véridique,
Un remède phénoménal,
Qui fait que je suis sans égal.

(PARLÉ.) Oui, mesdames et messieurs. Regardez-bien cette boîte, qui n'est ni longue, ni ronde, ni ovale, mais bien carrée; elle renferme cinq pilules merveilleuses que les savants de tous les pays : les Lapons, les Tartares-Mantchoux, enfin nos aïeux de toutes dates, les ganaches, fossiles, antidiluviens, préadamites n'ont jamais soupçonné, et dont je dois l'heureuse découverte à mon immense capacité et cinquante années de travail consécutif, dix-huit heures par jour, sans boire ni manger. Je ne vous dirai pas, mesdames et messieurs, que mes pilules sont universelles et guérissent tous les maux passés, présents et à venir, tels que : coqueluche, goutte gastro-entérite, maladie de langue, maladie de peau, cors aux pieds, oignons, durillons, œils de perdrix, etc., etc.; non, je ne vous le dirai pas, car le premier devoir de l'homme est d'être véridique. Mes pilules, mesdames et messieurs, n'ont que la vertu de guérir la rage, autrement dit l'amour; la rage, c'est l'amour poussé au paroxisme de la passion non contentée... Avec mes pilules, plus rien à craindre!... Ce n'est pas le tout : elles ont, en outre, la vertu de régénérer le sang et prolonger l'existence. Une seule de mes pilules, prise à jeûn après quarante jours de jeûne, prolonge l'existence de cinq années : vous avez cinq pilules dans la boîte, ce qui fait vingt-cinq ans ; tant mieux pour ceux qui pourront s'en procurer dix boîtes, ils auront deux cent cinquante ans à vivre, sans avoir à redouter le feu, le fer, l'acier, le plomb, le poison, la pendaison, l'asphyxie. Mais, me direz-vous en vous frottant les yeux pleins de larmes et vous tordant les bras convulsionnés par le désespoir, personne n'en aura ! il faudrait avoir les trésors du Pérou et de la Californie pour en acheter une seule! Détrompez-vous ; je les donne pour rien... N'allongez pas les bras ; personne n'en aura avant... d'en avoir bien compris toute l'utilité, et pour vous donner le temps de vous recueillir et de bien me comprendre : En avant la musique ! (AU REFRAIN.)

> Je vais vous disserter la rage
> Qui, tous les ans, fait grand ravage ;
> Chez les bêtes, les chiens, les gens,
> Fut incurable de tout temps.
> Petits et grands, prêtez l'oreille ;
> Attention, grande merveille
> Qui n'aura jamais sa pareille,
> Et guérit la rage très-bien
> Chez l'homme ainsi que chez le chien.

(PARLÉ.) Comme j'ai eu tout à l'heure la complaisance de vous le dire, la rage... c'est l'amour comprimé par le manque de liberté et la bonne chaire ; la preuve, c'est que vous ne trouverez pas de cas de rage chez les ours, les loups, les singes où les progrès de la science sont parvenus à en découvrir quatre-vingt-dix-neuf mille variétés, ni dans le genre volatil qui semble se multiplier

comme les feuilles sur les arbres, tels que : dindons, poules, canards, perroquets rouges, perroquets bleus, perroquets blancs, plombés, cuivrés, dorés, argentés ; pies borgnes, pies voleuses, pies grèches, à ergot, à huppe, à queue ; le lion, l'aigle, la zibeline, l'abeille ne deviennent pas enragés. Mais, me direz-vous, pourquoi ? parce qu'ils sont libres! La rage atteint l'homme et le chien : ces deux animaux domestiques, le chien étant l'ami de l'homme, l'homme est la croûte du chien ; les deux ne font qu'un. Ceci, mesdames et messieurs, a été prouvé par les plus célèbres naturalistes des temps anciens et modernes...: Arioste, Pline, Aldevrandas, Cuvier, Buffon... La rage ne décompose pas le sang, n'altère pas les esprits vitaux, comme on pourrait le croire ; elle fait cent fois pis, pis que tout cela : elle altère le cœur, le cerveau, rend féroce et pousse l'homme et le chien à la destruction de ces semblables. C'est beau... bien beau, ce que j'ai trouvé là, n'est-ce pas, mesdames et messieurs ? Ne vous dérangez pas pour me porter en triomphe ; je ne le souffrirai pas : le vrai mérite est toujours modeste, et je suis las des honneurs. A quoi me servirait de vous dire que je suis chamaré, honoré de trois cent soixante-dix-huit décorations, chevalier de cent quinze ordres français et étrangers ? cela ne me servirait à rien, car je ne suis point un charlatan, je ne cours pas après la fortune. A mon âge, on la tient ou on la laisse courir pour les autres. Ici, je demanderai à l'honorable société qui m'environne, la permission de prendre un verre d'eau sucrée alcoolisée pour adoucir mon éloquent gosier et recomforter mes patriotiques poumons. (*Il boit.*) En avant la musique !
(AU REFRAIN.)

> Tâchez de prendre patience,
> Et surtout ayez confiance
> Au plus grand des grands médecins.
> Vous guérir tous sont mes *desseins*.
> Je le dis sans fanfaronnade,
> Car je ne fais pas de parade :
> Apportez-moi vite un malade,
> Il sera guéri subito
> Et vous le rendrai très-dispos.

(PARLÉ.) Aussi facilement que je viens de boire ce verre d'eau, c'est la chose du monde la plus simple : la brûlure se guérit par la brûlure. Si votre caniche a mal à une pâte, cassez lui l'autre : il guérira : c'est ce que je me suis répété mille millions de millards de fois. Après quoi, je me suis dit : la rage doit guérir la rage, et je me suis mis à l'œuvre ; j'ai tué de mes propres mains cent soixante-dix-neuf mille neuf cent quatre-vingt-dix-huit chiens enragés, dont j'ai coupé les têtes que j'ai réduites en poudre ; ensuite, j'ai pris quatorze mille sept cent vingt-deux pieds de chardons fossiles, sommifères, et cinquante-trois autres plantes qu'il serait trop long de vous nommer, que j'ai pilées, pulvérisées et réduites à la millième partie, dont j'ai composé les pilules que voici, pilules anti-hydrophobes et de longue vie. Pends-toi, illustre Orphilâtre ! je t'ai surpassé ; l'univers est sauvé ; car pour les mettre à la portée de tout le monde, la boîte, les cinq pilules et la manière de s'en servir, je les donne pour rien... à tous ceux qui viendront à mon hôtel, c'est-à-dire, faute de mieux, hôtel du Chat-qui-Renifle, avec la permission de monsieur le maire, demain, après demain, et d'ici huit jours, consulter la belle sénora Mariana Mouffrorosa, la plus lucide de toutes les somnambules, qui vous dira le passé, le présent et l'avenir : c'est deux francs la consultation ; l'on prendra la file place de la mairie ; mes domestiques seront échelonnés de loin en loin pour porter secours et établir le campement des personnes qui seront obligées de passer la nuit pour attendre leur tour. En attendant votre aimable visite, mesdames, veuillez croire que je resterai toujours votre tout dévoué serviteur, Belphégor Parapharagus, premier médecin en chef ordinaire et extraordinaire de sa majesté Kankinkaze-Kikousba, premier roi des Iroquois. En avant la musique ! (AU REFRAIN.)

LES GANTS D'PEAU D'CHIEN

ACTUALITÉ.

AIR : *Pour ma part, moi, j'en réponds.* (Béranger.)

REFRAIN.
D'puis qu'on a trouvé l' moyen
D' fair' des gants d' la peau d' ces bêtes,
Les lions et les coquettes
Veul'nt porter des gants d' peau d' chien.

J' vois maint'nant l'utilité
D' l'impôt mis sur les caniches,
C't' image de fidélité
N' pouvait conv'nir à nos *biches*.

Si j'en crois certain Caton,
L' bout des bras d' la Rigolboche
En port' un' pair' qui, dit-on,
A vidé plus d'un' sacoche.

Dit's que c'te peau n' sent pas bon
A c' mossieu qui suit la mode,
Il vous répond que l' bon ton
De tout's les mod's *s'incommode*.

Moi, qui suis pour le *gant-daim*,
A la peau d' chien j' gard' rancune ;
Quant vient l' quart d'heur' du bais'-main,
J' fil' pour aller voir la lune.

Quoiq' garanti par l'impôt,
Mon propriétair' fulmine ;
— Il est chien — et dans sa peau,
Il trembl' pour la rac' canine.

Arthur, qui n'avait qu' son cœur,
En r'fusait à sa future...
Mais... v'là qu'un équarrisseur,
Hier, en fit la capture.

J' n'ai plus d' bras, nom d'un toutou !!!
Mon vieux grognard, comment faire ?...
Chez l' tourneur, dit un zouzou,
Va t'en fair' *cis'ler* un' paire...

Les giraf's, les éléphants
Ont juré d'vant leurs concierges,
Qu' si l'on n' leur payait pas d' gants,
Ils resteraient toujours vierges.

C'est un' rage, un choléra,
Dont s'est fort ému' la Bourse ;
Car on n' sait où s'arrêt'ra
Le progrès dans cette course. — (*Au refrain.*)

ALPHONSE DUCHENNE.

CORALY ET VIPÉRINE
ou
LES FÉES.
CONTE.

Sur l'air : *Il pleu', il pleut, Bergère.*

Un' dame avait deux filles
D'esprits bien différents ;
Toutes deux fort gentilles,
L' désespoir des amants.
On dit qu' la bonn' dame
N' voulait les marier
Que lorsqu'ell' rendrait l'âme,   } bis.
Pour n' pas s'en séparer.

Coraly, Vipérine,
C'est ainsi qu'ell's s'appelaient.
Comme on se l'imagine,
D' bon cœur se détestaient.
L'un', coquette et lutine,
S' prélassait au salon ;
L'autre, dans la cuisine,   } bis.
Faisait comm' Cendrillon.

Un jour, près d'un' fontaine,
Coraly puisait d' l'eau...
Un' bonn' vieill', chos' certaine,
S'approcha du ruisseau.
« Vous avez soif, sans doute,
Lui dit la belle enfant...
« Avant d' vous r'mettre en route,   } bis.
« Buvez tout votr' content. »

« Oui-dà, dit la bonn' vieille,
« J'accepte avec plaisir. »
C'était une merveille...
Ell' but à son loisir ;
Puis ell' dit : « Ma petite,
« Vous m'avez puisé d' l'eau ;
« Votre honnêt'té mérite   } bis.
« Que j' vous fasse un cadeau.

« Vous serez rich', ma belle,
« Plus riche que tous les rois,
« Remuant l'or à la pelle,
« Bijoux à votre choix.

« Vos lèvres gracieuses,
« Lorsqu'elles s'ouvriront,
« De perles précieuses
« Des flots s'échapperont. » } *bis.*

Coraly, bien contente,
Revint à son logis...
Sa bouche souriante
Versait l'or, les rubis.
Pour ell' plus d'injustice,
On n'eut que des douceurs.
Tant l'or a d'artifice !
L'or est la clé des cœurs. } *bis.*

Un beau soir, Vipérine
Se rendit au ruisseau.
Un' dam' de bonne mine
Lui demanda de l'eau.
« Puisez-en dans cette urne,
Dit-ell' d'un ton brutal...
« Craignez-vous qu' l'air nocturne
« Ne vous fasse du mal ! » } *bis.*

« Méchante, dit la dame,
« Il me faut te punir :
« Pour te choisir pour femme
« Nul ne viendra s'offrir.
« Ta bouche en tes colères,
« Mettant l' comble à tes maux,
« Crachera des vipères
« Et d'horribles crapauds. » } *bis.*

La mère bien chagrine
D' son malheur accusa
La sœur de Vipérine,
Du logis la chassa.
Mais un prince fort riche
Qui se trouvait par là,
L'emm'na vite en Autriche
Et puis il l'épousa. } *bis.*

MORALE.
{ Mettez-vous bien en tête
La morale de ceci :
Soyez affable, honnête,
Complaisant et poli.
Quand une vieille fée
De l'eau vous demand'ra,
Cette eau, par vous donnée, } *bis.*
Votre fortun' fera.

MAXIME GUFFROY.

LES FEMMES SONT DES LOUPS.

Mensonge en 5 couplets.

AIR : *Si j'ai manqué d'assister à la messe.*

Tu veux t' marier, hélas ! mon pauv' Jean-Pierre,
Est-tu déjà las de ta liberté ?
Pour vivre heureux, j' te vas dir' la manière :
Reste garçon ! voilà la vérité.
Je sais trop bien quel sort attend les hommes,
J'eus quatre femm's... et j' te dis entre nous :
Pour nous croquer, pauvr's agneaux que nous sommes :
    Les femmes sont des loups (*bis*).

Quatre ! — Mais oui... Comment, tu n'y peux croire ?
C'est pourtant vrai ; j'en eus quatre, mon cher.
L' numéro UN m' fit fair' mon purgatoire,
Avec le DEUX, je me crus en enfer ;
L' numéro TROIS d'un' coquett'rie sans borne,
Et la dernière, enfin, dont j' fus l'époux,
Me fir'nt porter, mais ici je me borne...
    Les femmes sont des loups (*bis*).

Quand monsieur l' mair' dit, l' jour du mariage :
« La femme doit obéir au mari, »
La fill' dit : oui !... mais tout bas elle enrage,
Se promettant d'avoir son tour aussi.
Pauvre mari, tu crois à ta puissance ;
Mais ta moitié, craignant peu ton courroux,
Chez toi devient l'émeute en permanence :
    Les femmes sont des loups (*bis*).

Pour un auteur, quelle triste besogne,
S'il lui fallait citer tous les méfaits
De ce sexe... *Marguerite de Bourgogne*
J' n'en dirai qu' deux qu'en cent mill' je connais :
D'abord Adam, c'est vieux quoique notoire ;
Mais nous avons bien plus nouveau chez nous ;
De Framboisi tout le monde connaît l'histoire :
    Les femmes sont des loups (*bis*).

Mais je vois bien, malgré ma confidence,
Que ton désir n'est pas encor vaincu ;
Essayes-en, mon ami, bonne chance,
Et dans trois mois tu seras convaincu.
J' sais bien qu'on trouve des femmes humaines
Au caractère égal, soumis et doux ;
Mais sur la terre y n'y en a qu' deux douzaines :
    Les autres sont des loups (*bis*).

                            ARTHUR LAMY,

LE DIMANCHE DE L'OUVRIER

CHANSONNETTE.
Paroles d'**Arthur LAMY**.

Air : *Le gros major me l'a dit.*

REFRAIN.

Lise, en ce jour, plus d'ennui, — De peines, de souci,
    Plus d'humeur chagrine;
Mets ta robe d'organdi, — Ton châle, ton bibi,
    C'est dimanche aujourd'hui,
    Lâch's ta crinoline.
Quel beau jour, quel beau jour, — Oh! dimanche, mes amours,
Quel beau jour, quel beau jour. — A toi mes amours !

Lise, nous sommes en fonds,
On a fait bonne semaine ;
Sans retard obéissons
Au plaisir qui nous entraîne.
Si, dans de rudes états,
Pendant six jours on s'démanche,
On peut bien prendre ses ébats
Quand arrive le dimanche.   — Lise, etc.

Moi, pour avoir plus de chic,
Je m' lâch' le gilet garance,
Et l' faux-col, voilà le *hic*,
Pour avoir de l'importance ;
Avec un lorgnon doré,
J'aurai l'air, la chose est claire,
D'un charcutier retiré,
Ou tout au moins d'un notaire.   — Lise, etc.

Nous irons manger dehors,
Chez *Grado* sous la tonnelle,
Du boudin, des harengs saurs,
Un vrai dîner de d'moiselle.
Et puis au bal, sans retard,
Lise, pour te rendre heureuse,
Nous pincerons la *chicard*,
Et la tulipe orageuse.   — Lise, etc.

En avant, vite, partons...
Mais, vois-tu, là, sur la route
Cette vieille ? ah ! dépêchons;
Elle a faim, hélas ! sans doute ;
Pour apaiser ses douleurs,
Lise, faisons une aumône ;
Le ciel sourit aux bons cœurs
Et bénit la main qui donne.   — Lise, etc.

LES TRIBULATIONS
D'UN LOCATAIRE.

CHANSONNETTE COMIQUE.
Paroles de F. PECQUET.

AIR: *Tout le long, le long, le long de la rivière.*

J'ai voulu louer n'importe où,
Pour beaucoup d'argent, c' n'est qu'un trou ;
J'ai trouvé une préférence,
C'est de payer six mois d'avance.
Le portier m'a dit : mon bijou,
Faut des meubles en acajou.

REFRAIN.

Qu' c'est ennuyeux d'être locataire,
Faudrait que chacun soit son propriétaire,
Quand donc que je s'rai propriétaire ?

J'avais en vue un beau premier :
C'est deux mille francs de loyer ;
Le second faisait mon affaire :
Ce n'est que cinq cents francs moins chère ;
L' troisième, les prix sont différents :
L'on m'a demandé mille francs.

Qu' c'est ennuyeux, etc.

L' quatrième, c'est cinq cents francs,
Et le cinquième quatre cents francs ;
Le sixième, c'est la mansarde ;
Pour trois cents francs, faut prendre garde :
Au plafond l'on peut se blesser,
Aussi très-bas faut se baisser.

Qu' c'est ennuyeux, etc.

Du grenier où j'étais logé,
Au terme j'ai déménagé ;
Là, mes amis, j'ai pris naissance ;
Le portier, par reconnaissance,
M'a dit : vous n' payez que cent francs !
Maintenant, mon vieux, c'est deux cents.
    Qu' c'est ennuyeux, etc.

D'abord, les chiens, l'on en veut pas ;
Les chats la nuit font des fracas,
Les moutards ça fait du tapage,
Un oiseau du bruit dans sa cage ;
Y n' faut ni parler ni bouger,
Ou, si non, vous avez congé.
    Qu' c'est ennuyeux, etc.

Depuis qu' l'on augmente les loyers,
S'en mêlent messieurs les portiers ;
Pour le r'tard, l'on payait l'amende,
Maintenant le double ils demandent.
D'abord, ils ne font pas crédit
Passé onze heures ou bien minuit.
    Qu' c'est ennuyeux, etc.

Les sous-sols qu' l'on loue à présent,
C'est une cave franchement ;
Je ne veux pas loger sous terre
Comm' un lapin dans sa tanière ;
Enfin, de chercher je n'en puis plus,
J' vas d'meurer Plaine des Vertus.
    Quelle bonne idée, je n' s'rai plus locataire ;
    Je s'rai mon portier et mon propriétaire,
    Je me vois déjà propriétaire.

Paris, A. HURÉ, éditeur et seul propriétaire,
rue Dauphine, 44, près le Pont-Neuf.

*Tout exemplaire non revêtu du timbre de l'éditeur
sera poursuivi comme contrefaçon.*

Paris. — Typ. Chaumont, 6, rue Saint-Spire.

MA LISETTE
QUITTONS-NOUS.

ROMANCE.

PAROLES DE

PAUL DE KOCK.

La Musique se trouve chez **A. HURÉ**, libraire-éditeur, à Paris, rue Dauphine, n° 44, près le Pont-Neuf.

Quittons-nous, mon aimable Lise !
Ton cœur ne peut se corriger.
Crois-moi, tu te seras méprise
En jurant de ne plus changer.
Ta bouche, toujours avec grâce,
Dit que j'ai tort d'être jaloux ;
Mais, pour moi, tes yeux sont de glace !... ⎫
Tiens, ma Lisette, quittons-nous.   ⎭ bis.

Lorsque dans un tendre délire
Tu jurais de m'aimer toujours,
Ton âme ne pouvait suffire
A tes transports, à nos amours.

Album du Gai Chanteur. — 3ᵉ vol. 48ᵉ Livraison.

Ta main, alors, cherchait la mienne :
La presser te semblait bien doux !
Maintenant, je cherche la tienne...
Tiens, ma Lisette, quittons-nous. } bis.

Jadis, le temps passait bien vite !
Cependant nous n'étions que deux ;
Mais ta chambre, quoique petite,
Suffisait pour nous rendre heureux.
Maintenant, tu regardes l'heure,
Au lieu de pousser les verrous !...
L'ennui pénètre en ta demeure...
Tiens, ma Lisette, quittons-nous. } bis.

Mais ne crains pas que je te blâme ;
On n'est point maître de son cœur.
Demain, peut-être, une autre femme
Doit m'inspirer une autre ardeur ;
Alors, tes charmes, que j'adore,
Dans mon cœur s'effaceraient tous.
Ah ! pendant que je t'aime encore,
Tiens, ma Lisette, quittons-nous. } bis.

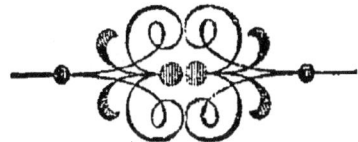

LE PRINTEMPS

CHANSON.

AIR : *Laissez les roses aux rosiers.*

Enfin, le printemps vient de naître ;
Déjà les lilas sont en fleurs.
La pivoine vient de paraître,
La tulipe aux mille couleurs.
L'arbre s'est couvert de feuillage, } *bis.*
Phœbus a fondu les glaçons,
L'oiseau charme par son ramage,
Mes amis, aimons et chantons.   (*ter.*) } *bis.*

La rose fraîche et si jolie
Paraît à notre œil enchanté.
Oh ! qu'elle est belle épanouie,
Ornant le sein de la beauté !
La violette éclot à peine, } *bis.*
La giroflée a ses boutons.
Mille fleurs émaillent la plaine,
Mes amis, aimons et chantons.   (*ter.*) } *bis.*

Le soleil dore la colline
Et nous annonce les beaux jours ;
Oui, déjà la blanche aubépine
Embaume tous les alentours.
Le doux zéphir, les hirondelles } *bis.*
Succèdent aux froids aquilons ;
Amour émeut les tourterelles,
Mes amis, aimons et chantons.   (*ter.*) } *bis.*

Dieu, par une faveur insigne,
Nous donna l'espoir ici-bas ;
Soignons et taillons bien la vigne
Dont le fruit mûr a tant d'appas.
L'épi s'élance sur sa tige } *bis.*
Et promet déjà les moissons.
Lise à toujours l'aimer m'oblige ;
Mes amis, aimons et chantons.   (*ter.*) } *bis.*

HENRI TURENNE.

LES SOUVENIRS.

ROMANCE.
Air *des quatre âges du cœur.*

Dansez, enfants, dansez dans la prairie,
Mon cœur sourit à vos jeux pleins d'attraits;
Tout comme vous, j'eus cet âge où la vie.
Comme un beau jour, s'écoule sans regrets.
Tout comme vous, j'aimais la fleur jolie,
L'herbe des champs, le soleil radieux,
Les jeux du soir dans la verte prairie,
L'oiseau du ciel aux champs harmonieux.

REFRAIN.

Mais sur cette terre, — Le bonheur, hélas!
N'est qu'une chimère — Qui ne dure pas.
Ceux-là sont contents — Qui, dans leurs vieux ans,
Peuvent aux enfants — Chanter leur printemps.

Il me souvient d'une folle jeunesse,
Où, sans jamais songer au lendemain,
Sous un baiser, une simple caresse,
On oubliait qu'on n'avait pas de pain.
J'avais vingt ans, Lisette était si belle;
Dans un grenier, qu'égayaient nos accents,
Elle jurait d'être toujours fidèle
A son amour, à ses tendres serments.
        Mais sur cette terre, etc.

J'étais heureux, mais la folle Lisette,
Pour une robe, un bijou me trompa;
Pendant deux jours, en ma pauvre chambrette,
Je la pleurai, puis mon cœur l'oublia.
Un peu plus tard, mon âme fut éprise
D'un autre enfant, doux feux par Dieu bénis,
Que de bonheur quand un jour, à l'église,
L'homme du ciel nous dit: Je vous unis.
        Mais sur cette terre, etc.

Je crus un jour au bonheur sur la terre,
Comblant mes vœux, Dieu m'accordait un fils;
Mais il mourut sous les yeux de sa mère
Et quelque temps après je la perdis.
Seul, maintenant, je consume ma vie,
En attendant que le ciel généreux
Me rende, enfin, celle qu'il m'a ravie,
Alors, d'ici, je partirai joyeux;
    Car, sur cette terre, etc.   ARTHUR LAMY.

LA FAVORITE DU SULTAN

CHANT ORIENTAL.

Paroles d'ARTHUR LAMY.

AIR : *Viens, je cède éperdu.* (Donizetti.)

O bonheur ! ô moment plein d'espoir !
   Pour la nuit qui s'apprête,
   De fleurs parez ma tête ;
Apportez parfums, perles, miroir,
   Car l'élu du prophète
   M'a donné le mouchoir.
Ivresse, tu remplis mon cœur,
Et mon ame, et mon ame est ravie.
      Ah !
  Chantez, chantez, filles d'Asie,
   Ma joie et mon bonheur ;
      Ah !
  Célébrez mon bonheur.

Vous craignez, esclaves, son courroux,
   Prosternés quand il passe,
   Ce sultan plein d'audace.
Moi, je veux, faible, soumis et doux,
   Le voir à cette place
   Tomber à mes genoux.
Pour moi, je verrai sa rigueur
Par l'amour, par l'amour adoucie.
      Ah !
  Chantez, chantez, filles d'Asie,
   Ma joie et mon bonheur ;
      Ah !
  Célébrez mon bonheur.

Cette nuit, ô bienheureux destin !
   Ce maître de la terre,
   Plus fort que le tonnerre,
Le sultan, le sultan Saladin,
   Que partout on révère,
   Dormira sur mon sein.
C'est lui ! Brûlez en son honneur
Les parfums, les parfums d'Arabie.
      Ah !
  Chantez, chantez, filles d'Asie,
   Ma joie et mon bonheur ;
      Ah !
  Célébrez mon bonheur.

TA MÈRE

AIR DE : *Ris tte.*

Dans ce monde, pour souffrir,
Dieu, pauvre petit martyr,
   T'a fait naître.
A peine as-tu vu le jour,
Tu commences, à ton tour,
   A connaître
Les maux que jusqu'au trépas
Chacun endure ici-bas,
   Sur la terre.

Oui, mais qui te soutiendra
Lorsque ton pas faiblira ;   *bis.*
Qui sur tes jours veillera,
   Enfant, ce sera
Ta mère, ta mère, ta mère.

Puis, dès que tu grandiras,
Faible encore, tu seras
   A la tâche.
Prends ton fil et ton aiguille,
Et travaille, pauvre fille,
   Sans relâche.
Plus tard, malgré ton labeur,
Tu connaîtras la douleur,
   La misère.

Oui, mais qui te soutiendra
Lorsque ton bras faiblira, etc.

Ensuite, à quinze ou seize ans,
Il te faudra des rubans,
   Des toilettes.
Tu gagneras peu d'argent,
Et les femmes d'à-présent
   Sont coquettes.
Que faire ? Un jour, un gandin
T'offre sa bourse et sa main,
   Sans le maire.

Oui, mais qui te soutiendra
Quand ta vertu faiblira, etc.

                    PRUDENCE.

LE REFRAIN
DES
PETITS AGNEAUX.

Air : *de la Maison tranquille.*

REFRAIN.

Voici les p'tits agneaux
Emplissez les verres ;
Mettez sur les fourneaux
Les d'ndes entières.
Montez les tonneaux,
Vieux et nouveaux,
Et qu'en nos verres,
Ces liqueurs si chères
Coulent à grands flots.

Le joli p'tit agneau
Plein d'esprit, quoique bête,
Au livre le plus beau
Préfère une feuillette.
Gaillard et luron
Il cogne dur quand on le vexe,
Mais, auprès du sexe,
Il est doux cemme un vrai mouton.
Voici les p'tits agneaux, etc.

Avide de jouir
De son heureuse étoile,
Sur la mer du plaisir
Il vogue à pleine voile ;
Mais, virant de bord
Quand la mer devient orageuse,
Sa chanson joyeuse
Sain et sauf le ramène au port.
Voici les p'tits agneaux, etc.

Amassez tas sur tas,
Avar's à face blême,
De vos jours, ici bas,
Faites un long carême.
Vos fils, vos neveux,
Quelque temps après l'héritage,
Un jour de tapage,
Avec nous, chanteront joyeux :

Voici les p'tits agneaux, etc.

On vient nous chanter l'eau,
J' ne sais pas si j' m'abuse,
Ça n' peut être qu'un *seau*.
De l'eau, moi je n'en use
Rien qu'en me lavant,
Quand parfois je me débarbouille ;
Puis, à la grenouille,
J'abandonne tout le restant.

Voici les p'tits agneaux, etc.

Puisqu'il faut du destin
Subir la loi commune,
Gaîment, le verre en main,
Aimons-nous sans rancune.
Au bout du p'loton
Qu'est en train d' nous filer la Parque,
Pour payer la barque,
En chœur nous dirons à Caron :

Voici les p'tits agneaux, etc.

ARTHUR LAMY.

IL FAUT S'ENTR'AIDER
SUR LA TERRE.
ROMANCE.

Paroles de MARC CONSTANTIN. Musique de ERNEST POIGNÉE.

La Musique se trouve chez **A. HURÉ**, libraire-éditeur, à Paris, rue Dauphine, 44, près le Pont-Neuf.

Le mois des fleurs a commencé,
Ma sœur, allons sous le feuillage ;
Quand le printemps aura passé,
Nous retournerons au village.
Allons ensemble tous les deux,
Aux champs cueillir la primevère :
Il faut s'entr'aider sur la terre, } bis.
Afin d'être heureux dans les cieux!

Vois-tu, lorsque je serai grand,
Moi je partirai pour l'armée,
Tu me verras au premier rang
Et de moi tu sera charmée.
Si je rencontre un malheureux,
Je soulagerai sa misère :
Il faut s'entr'aider sur la terre, } bis.
Afin d'être heureux dans les cieux !

Petite sœur, mais, à ton tour,
Que feras-tu dans le village?
— Oh! moi, j'attendrai ton retour
Avec les enfants de mon âge ;
Puis, travaillant au milieu d'eux,
Je leur dirai comme à mon frère :
Il faut s'entraider sur la terre, } bis.
Afin d'être heureux dans les cieux!

Un jour enfin, j'aurai quinze ans,
Je me marierai, je l'espère ;
Puis j'aurai de jolis enfants,
Et plus tard je serai grand mère.
Assise alors au milieu d'eux,
Je veux leur dire, heureuse et fière :
Il faut s'entr'aider sur la terre, } bis.
Afin d'être heureux dans les cieux !

L'ÉTÉ.

CHANSON.

Air : *Le Retour des Chansons.*

L'été paraît, et le bluet champêtre
Vient se mêler aux épis jaunissants ;
Dans les vallons, les troupeaux viennent paître,
Et l'homme heureux vient habiter les champs.
Le chèvrefeuille et sa douce verdure,
L'héliotrope et sa suave odeur
Font un bouquet, et la belle nature   } bis.
Semble l'offrir au divin créateur.

De ce verger, que j'aime l'étendue,
Quand de beaux fruits ses arbres sont chargés ;
Que le pommier vient s'offrir à ma vue,
Qu'un doux parfum nous vient des orangers.
Ravi de voir la cerise vermeille,
L'abricotier et ses fruits délicats ;
J'aime à cueillir la fraise et la groseille, } bis.
Dont la fraîcheur vient charmer nos repas.

Astre du jour, soleil qui nous éclaire,
Viens contempler les heureux que tu fais ;
Par tes rayons, tu fécondes la terre,
Et ta chaleur nous comble de bienfaits.
Tu fais mûrir les épis dans la plaine ;
Pour les couper, nous nous réunissons :
L'agriculteur est payé de sa peine ;   } bis.
L'écho redit ses joyeuses chansons.

La moisson est à l'abri de l'orage.
Pour éviter la brûlante chaleur,
Sombre forêt, prête nous ton ombrage,
Qu'un doux loisir charme le laboureur.
Que, jouissant d'une volupté pure,
En écoutant les oiseaux amoureux,
Il se repose au sein de la nature ;   } bis.
La Providence, enfin, le rend heureux.

Henri TURENNE.

LE BOIS DE VINCENNES.

AIR: *La bonne aventure, oh! gué!*

Gais compagnons du faubourg,
    Vienne le dimanche,
Nous pourrons, près de notr' séjour,
    Joyeuse avalanche !
Avec nos femmes, nos enfants,
Goûter des plaisirs charmants,
    Sans qu'on se démanche,
      Oh ! gué !
    Sans qu'on se démanche.

Faisant trêve à nos travaux,
    Naguère, en goguettes,
Nous allions, par monts, par vaux,
    Courir les guinguettes ;
Puis, le soir, légers d'écus,
Nous rentrions brisés, moulus.
    Oh ! les drol's de fê es,
      Oh ! gué !
    Oh ! les drôl's de fêtes !

Mais bientôt, quand le printemps,
    De sa douce haleine,
Aura chassé les autans,
    Nous irons sans peine
Parcourir tes verts taillis,
Fouler tes sentiers fleuris,
    Joli bois d' Vincennes,
      Oh ! gué !
    Joli bois d' Vincennes !

Mieux que ton rival flambant,
    Où l'opulenc' roule,
Tu voudras qu' chez toi gaîment
    Notre temps s'écoule.
Aussi pour nous rendre heureux,
Les danses, les ris, les jeux
    Accourront en foule,
      Oh ! gué !
    Accourront en foule.

Dans les contours gracieux
    De tes promenades,
Fais circuler tout joyeux
    Chars et cavalcades ;
Montre-nous tes lacs profonds
Versant sur tes frais gazons
    L'eau de leurs cascades,
      Oh ! gué !
    L'eau de leurs cascades.

Qu'enfourché sur un baudet
    S'escrime un novice ;
Qu'un autr' dans un batelet
    Fende l'onde et glisse ;
Tandis que de nos moutards
Tes cygnes et tes canards
    Mangent l' pain d'épice ;
      Oh ! gué !
    Mangent l' pain d'épice.

Les oiseaux gazouilleront
    Dessous la charmille ;
Sous nos yeux s'agaceront
    Jeunes gars, jeun's filles ;
C'est ainsi que l'amour vient
Et que chez nous s'entretient
    La joi' de la famille,
      Oh ! gué !
    La joi' de la famille.

Enfin quand, le soir venu,
    Tomb'ra la nuit sombre ;
Quand tout aura disparu,
    Effacé dans l'ombre,
Tous en chœur nous te dirons :
A dimanch', nous reviendrons
    En bien plus grand nombre,
      Oh ! gué !
    En bien plus grand nombre.   GAILLARD.

Paris, A. HURÉ, éditeur et seul propriétaire,
rue Dauphine, 44, près le Pont-Neuf.

*Tout exemplaire non revêtu du timbre de l'éditeur
sera poursuivi comme contrefaçon.*

FRICANDEAU

A LA REPRISE DE LA

TOUR DE NESLE.

Parodie interprétée au Théâtre Beaumarchais

Par M. BARTHOLY.

PAROLES DE

MM. Adolphe JOLY et JOUANNY.

AIR DE : *L'Infusion des Omnibus*,
ou air nouveau d'Auguste BLANGY.

Bonjour, les éfants. Eh ben ! je m' la suis payée hier c'te fameuse Tour-de-Nesle. Parlez-moi d' ça ?

REFRAIN.

Ah ! quel drame !
Ah ! quell' femme !
J'ai d' quoi raconter.
J'ai vu la Tour-de-Nesle
Et j' peux m'en flatter.
De c'te pièc' peu nouvelle,
Enfin, j' suis de r'tour ;
J' suis de r'tour de la Tour.

1ᵉʳ COUPLET.

Au l'ver du rideau
Du premier tableau,
A la lueur d'un' lanterne,
On voit des truands
Avec d'autr's manants
Qui boiv'nt dans un' caverne.

C'est la caverne du LAPIN-BLANC, tenue par Ours-fini... Un jeune voltigeur boit sa chopine, tandis que des Auvergnats racontent que, tous les matins, on trouve au coin du canal et de la rue de la Tour trois pochards.

As-tu vu Beaupi d Beaunez, toi, Chinouillac ? — Fouchtra ! en mu rajant, il m'a coupa la figoure. — Bougri !

Album du Gai chanteur.   3ᵉ vol. 49ᵉ Livr.

tu ne lui a pas allonjea un coup de poigne?—J'ai envoya chon plat à varve au diable, et je l'ai appela *bavard*.

A c' mot d' *bavard*, l' troupier s' lève ; il envoie son verre, en étain, à la mâchoire de l'Auverpin... Les Auvergnats saisissent leurs fourchettes : on va s' piocher! quand... tout-à-coup... arrive un grand, gros, gras caporal, qui dégaine en criant :

Douze contre un... c'est treize de trope!

Les Auvergnats s'ensauvent ; le caporal fait apporter une chopine; on trinque.

— Votre nom? sans vous commandère. — Brossadent... et le vôtre? — Fil-vite Beaunez, frère de Beaupied Beaunez, perruquier-coiffeur. — Ah!... on dit qu' votr' frère est dans les p'tits papiers d' la marchande de bouillon d'en face : — Marguerite la Bourguignote, *aux 18 marmites*. — Ça se peut... Dites-donc, caporal; j'ai t'été z'accosté par une bonne d'enfants, sans enfants, qui m'a z'invité à aller prendre un gloria avec sa maîtresse. — Bigre ! je ne suis ni grêlé, ni mal fichu, et cependant je n'ai point z'étrenné aujourd'hui.

Entre la bonne d'enfants; elle tape sur l'épaule du caporal, en lui révélant que sa patronne l'invite à venir prendre une demi-tasse chez elle.

Ça me botte! que fait Brossadent.

Le p'tit coiffeur Beaupied entre, il embrasse Fil-vite; Fil-vite lui conte que le caporal, à la belle dégaine, a dégainé pour lui.

Caporal — *dit Beaupied* — si jamais vous avez besoin de vous faire couper les cheveux, v'nez me voir... je n' vous prendrai qu' trente centimes... En attendant, je paie une canette au Café du Géant.

Merci, frère ; mais moi z'et le caporal, nous avons un rendez-vous d'amour : que nous allons prendre un gloria chez une particulière. — Laquelle, de particulière ? — Inconnue z-au bataillon. — Une inconnue, qu'on ne connaît pas, et qui vous offre un gloria ! C'est trop fort de café : n'y vas pas, mon cadet ; n'y allez pas, caporal. — Des bêtises! Demain, nous irons te faire payer la goutte.

On entend l' gazier. — Brossadent prend son schako.

Chacun un bonsoir : on m'attend dans le passage Vendôme. — Moi, sur la passerelle Ménilmontant. — Moi, aux 18 marmites. — Et moi, *dit Ours-fini à soi-même*, rue d' la Tour, chez elle.

Ah! quel drame! etc.

Maint'nant, c'est la Tour :
Il ne fait plus jour,
Vu qu' la nu't est venue.
On entend chanter,
Trinquer, folâtrer
Chez la belle inconnue.

<small>Ours-fini s'embête ; le remords le mord et le remord. — Survient Marguerite la Bourguignote, la marchande de bouillon. — Comme c'est au carnaval, elle a un faux-nez de carton.</small>

Ours-fini, ne trouves-tu pas que l' voltigeur ressemble à mon Beaupied Beaunez? — Quèqu' ça peut m' faire ? — Mets-le à la porte, sans l' cogner... Hâte-toi!... hâte-toi !

<small>Ours-fini se hâte tout doucement.—Fil-vite, qu'est un peu pochard, arrive en dansant un fandango d'.la salle Barthélemy.</small>

Où donc s'-que t'es, ma déesse ? Là yoùs que t'es, ma grosse biche ? — June homme, allez-vous-en ; mon mari peut se réveiller, venir... et il est très-rageur, mon mari. — Ton mari! des navets! y ronfle comme une toupie d'Allemagne. Ote ton nez, ou je croirai que t'as un nez paté.

<small>La Bourguignote ne veut pas se montrer sans son nez. — Fil-vite tire son épinglette : v'lan ! dans les dents.. non, dans la joue.
Marguerite est vexée; à sort.—Ours-fini vient souffler la chandelle et s'en va ; le caporal, qui voudrait bien faire comme lui, arrive à tâtons et fourre son doigt dans l'œil de Fil-vite.</small>

Imbécile! — Alimal! — C'est l' voltigeur! — C'est l' caporal! Vous avez l'air tout chose, Brossadent.
— J'ai trop bu d' cassis... Ces femmes, n'avez-vous pas remarqué que ce doivent être de grandes dames : ces robes de bain de barèges, à six sous le mètre... Ces grandes crignolines... ces bottines à lacets de couleur : ce sont de grandes dames!!! Elles sont coiffées à la chien ; elles ont chanté : *Ah! il a des bott's,* et les P'tits Agneaux... *Oh!* ce sont de grandes dames, de grosses dames, de bien énormes dames!!!!!!

— Possibe! j'ai z'égratigné la mienne avec mon épinglette. — Malhureux! regarde devant toi. — Le quai Jemmapes! — A tes guêtres. — Le canal Saint-Martin !! — Et, autour de nous, la rue de la Tour, où qu'on r'trouve tant d' pochards gris. — Crrrré nom !!! — V'là l' contrôle de mon escouade ; écris dessus ce qu' tu voudras ; je mettrai le reste, moi, quand je saurai... écrire.

<small>Fil-vite prend l' crayon, dessine des bonhommes et sort.—Lambry, un ancien tambour d' la compagnie à Brossadent, ouvre la fenêtre et</small>

donne une poussée au caporal, qui dégringole en criant comme un aveugle qui a perdu son mirliton :

Seigneur ! ah ! qu' c'est froid !... ah ! qu' c'est froid !

Fil-vite arrive à reculons en criant :

A la garde !

La superbe femme paraît, une lanterne à la main ; elle arrache son faux-nez, en murmurant, d'une voix sourde comme sa lanterne :

Voir mon vrai nez et dormir, disais-tu ? — Me voici ; nez *en moins*, regarde et dors !...

— Marguerite la Bourguignote, la femme *consommee* des 18 marmites.

Ah ! quel drame ! etc.

Nous voyons encor
Un très-beau décor,
Mais on reprend haleine.
En s'essuyant l' front,
On regarde au fond
La Seine sur la scène.

Effet de lune et de l'autre... côté, Brossadent tire sa coupe, y plonge pour chercher une pièce de quatre sous qu'il a perdue le matin. La lune fait briller, sur la berge, un bouton d' guêtre, et Brossadent s'écrie avec joie :

Si c'était elllle !

TROISIÈME TABLEAU.

L'INTÉRIEUR DU RESTAURANT DES 18 MARMITES.

Beaupied, Savoisien et d'autres habitués lisent le journal en attendant la soupe. — Marguerite paraît.

J'ai fait un drôle de rêve ; je m' frais bien tirer ma bonne aventure pour deux sous.

— Comme ça se trouve, répond Savoisien ; v'là un tireur de cartes de la place de la Bastille.

Brossadent, déguisé en Robert-Houdin, dit la bonne aventure à la société. Il prédit à Carré-Marigny, le chef de cuisine, qu'on va lui donner ses huit jours ; il envoie Beaupied au canal et donne la chair de coq à Marg'rite.

Je t'attendrai à menuit au Lapin-Blanc. — Une marchande de bouillon peut-elle aller flâner à l'heure de mettre le pot au feu-t-au-feu ? — Il n'y a pas plus loin d'ici au Lapin-Blanc que du Lapin-Blanc ici. — J'irai !... J'irai !... — Allez éplucher vos carottes, madème. — J' t'en ratisse.

Beaupied arrive derrière eux.

Justice !... Justice !... Gare, que j' passe !... Voulez-vous m' lâcher! faut que j' vole la bourgeoise... Ah! ah! malédiction! vous déchirez mon pourpoint d' la Belle Jardinière... Ah! ah! mon frère!... mon frère!... mon frère! mon frère!...

QUATRIÈME TABLEAU.

Nous revoilà à la caserne. — Marguerite recule en voyant une tunique.

C'est unique, ce n'est pas le tireur de cartes! — Non, c'est le caporal. — Vous n' fait's donc pas monter des bonhommes dans un' carafe? — Jamé! — Mes habitués ôtent leur casquette pour me demander un bol. — Je te parlerai découvert, Marg'rite, non parce que tu vends du bouillon, mais parce que tu es une superbe femme: Restaurateuse, où sont tes officiers... de bouche?... tes filles... de salle et tes laveurs de vaisselle? — Qui donc es-tu pour bavarder ainsi? — Je suis Brossadent, l' caporal. Cette nuit, dans ta mansarde, il y avait trois hommes : Navet d' Freneuse, Brossadent et Fil-vite Beaunez. — Fil-vite Beaunez! — Oui, le frère de Beaupied... Demain, Beaupied lira sur le contrôle nominatif de mon escouade : — Je dors, entortillé par Marguerite!

Marguerite, connais-tu le supplice des insipides et des meurtrières? On les mène voir pendant un mois les Funérailles de l'honneur! On leur coupe les cheveux avec des ciseaux de fer blanc!... Enfin, un pâtre les traîne sur une claie, jusqu'à ce qu'elles aient usé la *claie au pâtre.*

— Que voulez-vous de moi; vous fouillerez dans le comptoir, vous viendrez déjeûner à l'œil. — J'ai mon congé; je veux l'être ton chef de cuisine et avoir les eaux. — Grâce!... grâce! — Oui, les eaux grasses. — Tu les au...ras!

Beaupied, selon son habitude, arrive dès que Brossadent est parti. — Marg'rite lui dit des noms d'oiseaux, afin d' voir c' que Fil-vite a écrit. — Beaupied lui prête le contrôle et, pendant qu'il compte les personnes qui sont dans la salle, la Bourguignote arrache le feuillet et l'avale... Quelle boulette!

Qui que tu sois, caporal ou devin, feuillette maintenant, feuillette devin!

Ah! quel drame! etc.

C' coup-ci, c'est l' cachot,
Un cachot peu chaud,
Où Brossadent grelotte.

Pour se réchauffer,
Y s' met à s' fâcher
Après la Bourguignotte.

Marguerite, qui vient tirer un litre, profite de l'occasion pour mettre sa chandelle sous le nez du caporal, afin de l'éclairer sur sa position. — Brossadent s'croit à la caserne et commence un conte.

Cric! crac! Sabot, cuiller à pot, sous-pied d'guêtre. Y avait une fois un moutard et une moutarde : comme le moutard était champenois, on l'avait surnommé *Le Lyonnais*. — Aide-moi z-à mé mettre sur le flanc, Marguerite.
— Du flan !...
— Un soir, la fille du pèr' Robert annonça au Lyonnais, en pleurnichant, qu'el e allait être marraine.
— Après?... après?
— Ha!... ha!... ha!... Un bras de mère guida le Lyonnais : le moutard et le pâtissier endormi se trouvèrent nez à nez. C'était une grosse et vieille tête de vieux vieillard, que l'assassin revit bien des fois dans ses cauchemards, car il mit Robert à la sauce-Robert, l'infâme!
— Bah! bah!... — Il n'y a pas de baba... maint'nant, qu'as-tu fait de tes fillots? — Je les confia z-à Ours-fini. — Ours-fini, qu'as-tu fait des p'tits? — Je les confia z-à Lambry. — Lambry, qu'as-tu?... Il n'est pas là... Bien. Ours-fini, voilà une idée qui t'es venue z-à toi et qui n' s'rait pas v'nue à monsieur l' maire.

ACTE CINTIÈME.

Brossadent arrête Carré Marigny. — Beaupied arrête Brossadent. — L'Amour arrête Beaupied. (Dans c'te pièce-là, faut toujours qu'on arrête quelqu'un.)

Dis-donc, Lambry, est-ce qu'on n' t'avait pas prêté deux mioches pour les nourrir au biberon?
— Oui da, oui; mais, comme on n' payait pas les mois, je les renvoyai z-à leurs parents... que je n' connaissais point. Moi, pas bête, j' leur z-avais peint sur le bras une petite croix rouge.
— Oh !... tu te trompes : une croix chocolat, peut-être?
— Non, rouge. — Jaune, bleuze, verte, caca-dauphin?
— Est-il entêté! puisque j' vous dis rouge! — Oh! malheur! malheur! Fil-vite!... Beaupied!... suis-moi... suis-moi!... — Où cela, caporal? — A la Croix-Rouge! malhureux... à la Croix-Rouge!

Ah! quel drame! etc.

Le beau caporal,
Qui connaît l' journal
D' la femme à la marmite,
A minuit moins l' quart
Se décide, sans r'tard,
A s' rendr' chez Marguerite.

Marguerite ordonne à Ours-fini de fl nquer une tripotée à Brossa-dents dès qu'il paraîtra à la porte. — Brossa ent descend par la cheminée (c'est noir, ça !). Y pourrait bien dire tout d' su te que Beaupied est leur fillot, mais l'acte serait trop court : c' n'est qu'au bout d'un quart d'heure qu'il murmure :

Marg'rite, sais-tu c' que sont dev'nus tes fillots?
— Mes fillots !... oh! oh !... mes fi lots ! oh ! oh !...
— Ah ! commère . t'as pas r'connu l'aîné et t'as dit : Cognez d'sus ? — Quoi! quoi! quoi !... Quand ?... quand ?... quand ? quand ?... — Il n'y a pas d' cancan : avant z-hier. — Fil-vite !... — Oui, le frère de Beaupied ; de Beaupied qui va venir : je lui ai remis le passe-partout.
— Que l' diable t'emporte ! comme je t'attendais par la porte, j'avais placé à la porte de la porte deux laveurs de vaisselle. — Je te reconnais bien là, Marguerite !

On entend un cri, mais un cri-cri !... C'est Beaupied qui saigne du nez, vu qu'Ours-fini lui a donné... des renseignements sur sa naissance.

— Marg'rite !... Marg'rite, je te rapporte le passe-partout ; mets-le moi dans l' dos.
— Mal... heureux ! malheureux ! je suis ta marraine.
— Ma marraine ! eh bien ! atc !... at...
(Il éternue.) Atchi ! Dieu vous bénisse !

Le propriétaire, qui veut donner congé, a envoyé chercher la garde. On arrête Ours-fini, on arrête Marguerite; on rearrête Brossadent : c'est Savoisien, que rien n'arrête, qui les arrête.
La toile tombe. On rappelle Meringue ; on rappelle Brossadent, Marg'rite, Beaupied ; on les rappelle tous. Beaupied est défunt, et y r'paraît tout d' même. Y r'viennent tous : Mam' Laurent, Lambry, la Tour, le Canal Saint-Martin, le régisseur, les machinistes, le chef de claque et les pompiers.

Ah ! quel drame ! etc.

LES
CHEVEUX BLANCS.

Air *du Petit Mousse noir.*

Enfants, lorsque dans le village
Vous voyez passer un vieillard
Tout tremblant du poids de son âge,
N'ayant vivant que son regard,
En voyant sa tête blanchie,
Ne riez pas, petits enfants,
Car c'est la neige de la vie.
Ah ! respectez les cheveux blancs.

Eux seuls, ils peuvent vous instruire
Dans la vie en guidant vos pas ;
Écoutez ce qu'ils ont à dire,
Et jeunes fous, ne riez pas.
Si vous avez gaîté, folie,
Ils n'ont plus rien, eux, mes enfants,
Rien que la neige de la vie
Que l'on nomme les cheveux blancs.

Enfants, croyez en leur sagesse ;
La vie, hélas ! est un écueil
Où la confiante jeunesse
Peut se briser sur un cercueil.
Regardez-les avec envie,
Car, sachez-le, pauvres enfants,
Un rien peut briser votre vie :
N'a pas qui veut des cheveux blancs.

Alexis BOUVIER.

LA VIE A LA VAPEUR

Chanson par J. MARIE.

Air : *Du Dieu des bonnes gens.*

Ça! dépêchons d'acquérir la fortune,
Se dit tout bas l'homme petit ou grand ;
Quand je ferais quelques trous à la lune,
Je veux demain briller au premier rang.
« De la vapeur, le progrès est le père,
« Chacun le sait ; mais notre Créateur
« N'a pas placé les humains sur la terre
    « Pour vivre à la vapeur. »

Courant après l'infidèle déesse,
Ce bon bourgeois va placer ses écus ;
Prend des actions sans choix et sans adresse,
Et croit, dans peu, tripler ses revenus.
Il est flatté par de fausses réclames ;
Trop tard, hélas ! il connaît son malheur !
Aussi, pourquoi lire tous ces programmes
    Toujours à la vapeur?

Ce boutiquier, certes, fera faillite ;
Il a voulu bien vite s'enrichir.
Produit d'un gain quelquefois illicite,
Il dépensait son or sans réfléchir.
Ce fabricant de romans, de volumes,
Ne deviendra jamais littérateur.
Quoi d'étonnant ? il ne taille ses plumes
    Jamais qu'à la vapeur.

Voyez passer d'humeur atrabilaire
Ce médecin, ce peintre chevelu,
Cet épicier, ce gros fonctionnaire,
Ce parfumeur, ce boursier dissolu.
C'est au galop qu'ils cherchent l'opulence
Pour recueillir parfois le déshonneur,
Et sans songer que jamais la prudence
    Ne marche à la vapeur.

A voir ainsi la foule qui se presse,
Qui se coudoie, se heurte à tout instant,
Il semblerait que le pauvre en détresse
Aura du moins l'obole du passant.
Mais non, grand Dieu ! l'homme dans cette vie,
Né malheureux, n'a pas d'adorateur,
Et s'il entend une parole amie,
    C'est bien à la vapeur.

LES YEUX BLEUS
DE
MARGUERITE.
ROMANCE.

Paroles de A. LAMY, Musique de A. LAGARD.

La Musique se trouve chez **A. IHURÉ**, libraire-éditeur, à Paris, rue du Petit-Carreau, 14.

On peut aussi chanter cette romance sur l'air de :
Marguerite, fermez les yeux.

J'aime l'étoile au ciel et la brise légère
Qui pleure doucement dans le sommeil des nuits,
Et des petits enfants, sur la verte fougère,
J'aime les gais ébats qui narguent les ennuis.
J'aime entendre l'oiseau, que le soleil invite,
Redisant au matin ses chants mélodieux ;
Mais j'aime encor bien mieux, ô blonde Marguerite ! } *bis.*
    L'étincelle de tes yeux bleus.

J'aime la fleur jolie où l'abeille se pose,
Le joyeux papillon aux si vives couleurs ;
J'aime à voir au matin s'entr'ouvrir une rose,
Quand les herbes des prés m'enivrent de senteurs.
J'aime dans le grand bois que le zéphir agite,
Entendre murmurer l'écho mystérieux ;
Mais j'aime encor bien mieux, ô blonde Marguerite ! } *bis.*
    L'étincelle de tes yeux bleus.

J'aime à voir tout là-haut, quand l'orage fut rude,
Paraître l'arc-en-ciel, doux symbole d'espoir ;
J'aime de nos vallons la triste solitude,
La musette du pâtre et la cloche du soir.
J'aime à voir un enfant, sur la pierre bénite,
Offrir une couronne à la reine des cieux ;
Mais j'aime encor bien mieux, ô blonde Marguerite ! } *bis.*
    L'étincelle de tes yeux bleus.

LES CIMETIÈRES

RONDE A DANSER

PAR

PAUL DE KOCK.

Air : *des Comédiens, du Sou, ou de la Rond des Grenadiers.*

Mes chers amis, vivent les cimetières !
Ne plaignons pas le sort des moribonds ;
Si les vivants repoussent nos prières,
Dès qu'ils sont morts, tous les hommes sont bons.

Quand dans le monde on rencontre avec peine
Amour constant, véritable amitié,
Au cimetière on trouve par centaine
Ami sincère et fidèle moitié.

Vous trouvez là des modistes austères,
Des brocanteurs qui ne surfaisaient pas,
Des poètes chéris de leurs confrères,
Et des tailleurs qui donnaient de bons draps.

J'y vois encor des bouchers philanthropes,
Des boulangers, philosophes profonds,
Sur leurs tombeaux, grâce à leur Pénélopes,
Je trouve aussi l'adresse de leurs fonds.

Pauvres auteurs, victimes de l'envie,
Qui ne trouvez que censeurs insolents,
Vous vous plaignez !... Demain quittez la vie,
Et l'on rendra justice à vos talents.

De son vivant, Raimond avec sa femme
Avait toujours des querelles, des cris ;
Sur son tombeau, par ordre de madame
On met : Au plus adoré des maris.

Chez les époux, chez les fils, chez les gendres,
Que de vertus ! En lisant tout cela,
Chacun se dit : Pour avoir de leurs cendres,
On aurait dû brûler tous ces gens-là !...

Les qualités, les talents, le génie
Sont, je le vois, en foule aux sombres bords ;
Ah ! pour l'honneur de ma belle patrie,
Que ne peut-on ressusciter les morts !

Du cimetière en quittant la demeure,
Où je serais resté très-volontiers,
Je me disais : que de gens que l'on pleure !...
Je vis plus loin danser leurs héritiers.

———

Mes chers amis, vivent les cimetières !
Ne plaignons pas le sort des moribonds ;
Si les vivants sont sourds à nos prières,
Dès qu'ils sont morts tous les hommes sont bons.

Paris, A. HURÉ, libraire-éditeur, seul propriétaire,
rue du Petit-Carreau, 14.

Paris. Typ. Beaulé, rue Jacq de Brosse, 10

CADET BUTEUX

AU

JARDIN TURC

POT POURRI PAR

PAUL DE KOCK.

AIR : *de Préville et Taconnet.*

Avec Nanon, par un' belle soirée,
Je nous disons : « Il faut prendre le frais ;
« J' trouv'rons partout du café d' chicorée,
« Dirigeons-nous vers le marais.   (*bis.*)
« Au jardin Turc, lui dis-je, il faut nous rendre ;
« Mets l' casaquin, v'là l'habit qu' j'ai risqué.
« Pour entrer là, c'est qu' faut être musqué !
« J' nous régal'rons : on dit qu'on peut y prendre
« Ben des objets, dont l' prix n'est pas marqué. »

AIR : *M. de Catinat.*

Alors, bras d'sus, bras d'sous, je prenons notre élan,
Et j' tombons à la port' du jardin du Sultan ;
L' vétéran dit qu' Nanon a z'un fichu d' couleur ;
Là-d'sus, moi, je m'avance, et j' lui chante en majeur :

AIR : *Une robe légère.*

« Fichu, mon p'tit homme,
« Suffit à ma Nanon,
« Et pour avoir la pomme,
« Je dis qu'elle a l' pompon !
« A l'Opéra-Comique
« Tu n'as donc pas été ?
« Apprends que le physique
« Embellit la beauté.

Album du Gai Chanteur. — 3e vol. 50e Livraison.

AIR : *du Galoubet.*

« Nous somm's dedans,   (bis.
« Ma fine, ce n'est pas sans peine,
« Il a fallu montrer les dents ;
« Reprenons un peu notre haleine,
« Nanon est heureus' comme une reine !...
   « Nous somm's dedans. »   (*bis*.)

AIR : *Dans les Gardes françaises.*

J' voyons une terrasse
Où sont des gens bien mis,
J' voyons du mond' qui passe,
J'en voyons qu'est assis ;
Puis, des cadets Eustaches,
D' nous pousser trouv' moyen,
En criant : « Gar' les taches ! »
Quand ils ne portent rien.

AIR : *Ce mouchoir, belle Raymonde.*

Mais, ma Nanon, qu'aime l'ombre,
Dans un p'tit ch'min guid' mes pas ;
Là, j' voyons, quoiqu'il fass' sombre,
Plus d'un couple s' parler bas,
Nanon s'arrête ; j' la gronde,
Et j' lui dis, d'vant chaqu' bosquet :
« Ne dérangeons pas le monde,
« Laissons chacun comme il est. »

AIR : *de l'Écu de six francs.*

Nanon, qui fait tout c' qu'ell' voit faire,
S'écrie aussitôt : « J' veux m'asseoir ! »
Je lui dis : « Voilà notre affaire,
« Entrons dans ce bosquet tout noir. » (*bis*.)
Là, sur ce qui lui fait envie,
J' dis à Nanon de réfléchir ;
Ell' me répond : « Pour nous rafraîchir,
« Prenons du punch à l'eau-de-vie. »

AIR : *Encore un quart'ron, Claudine.*

Le punch flamb' ; moi, j'espère
Prendre un baiser, morbleu !
Et j' dis à la p'tit' mère,
Qui me résiste un peu :
 « On n'y voit qu' du feu,
   « Ma chère,
 « On n'y voit qu' du feu. »

AIR : *de la Petite Sœur.*

A côté d' nous, dans chaqu' bosquet,
Quoiqu'il ne brillât nulle flamme, (*bis.*)
J'aperçûmes, grâce au quinquet,
Un monsieur brûler pour un' dame;
Ils causaient de leurs sentiments,
Ça les altérait, je suppose,
Car ces messieurs, à tous moments,
Prétendaient prendre quelque chose. (*bis.*)

AIR : *Signora Povera* (du concert à la Cour).

Mais, à droite, on disait, à not' oreille :
 « Voulez-vous
« M'accorder un rendez-vous? »
« — Ah! ah! ah! ah!... ah! ah! ah! ah!
« Je n'éprouvai jamais ardeur pareille !
« Acceptez une glace, une groseille.
« Ah! ah! ah! ah!... ah! ah! ah! ah! »

Même air.

V'là qu'à gauch', l'homme dit à la bourgeoise :
 « Voulez-vous
« Des cach'mir's et des bijoux?
« Ah! ah! ah! ah!... ah! ah! ah! ah!
« Vous vous taisez... goûtez ma bavaroise...
« Le joli bras !... Prenez une framboise...
« Ah! ah! ah! ah!... ah! ah! ah! ah! »

AIR : *Faut-il qu'un homme soit,* etc.

A droite, la femme répond :
« Voyez comme je suis émue !
« Avec vous, si je suis venue,
« C'est que mon mari, dans le fond,
« Mérite bien un tel affront.
« Depuis un an, il me délaisse ;
« Monsieur prétend que son docteur
« Lui défend la moindre tendresse...
« Faut-il qu'un homme soit menteur !... (*bis.*)

AIR : *Daignez m'épargner,* etc.

A gauche, le monsieur disait :
« Ma chère, je ne veux rien taire ;
« Je suis marié, c'est un fait,
« Mais ma femme ne saurait plaire :

« Elle a quarante ans bien sonnés ;
« Ce n'est pas que je la déteste !
« Mais elle a les traits bourgeonnés,
« Les cheveux roux, les yeux tournés...
« Daignez m'épargner le reste. »

AIR : *Vite, vite, prenez le patron.*

« Faut, mon fils,
« Des époux assortis, »
M' dit Nanon
En croquant l' macaron.
« Je t'aim', mais !
« Si tu m' trompais
  « Jamais,
« Je t'estropi'rai,
« Je te tûrai,
  « Vrai.
« — Nanon, un baiser !
« — Veux-tu m' laisser !
« Voilà les garçons
« Qui rôdent dans les environs.
« — Un baiser, j' te dis !
« C' n'est pas permis...
« Est-il libertin !
« Est-il taquin !
« Dieu ! queu lutin !
« — J' l'aurai bien...
« — Tu n'auras rien,
  « Vaurien. »
V'là-t-il pas
Qu'alors en jouant des bras,
  Patatras !
J' fais rouler à quatr' pas
De d'sus la table sur l' sol
  L' bol !

AIR : *des Trembleurs.*

Nanon crie, elle est fâchée ;
Ell' dit que je l'ai tachée ;
Ell' s'était endimanchée
Pour venir au boulevard ;
Effrayés de ce tapage,
Des couples du voisinage
Sortent de dessous l'ombrage
Pour soupirer autre part.

Air : *Ciel! l'univers,* etc.

Mais, qu'est-ce donc ? On se chante une gamme,
Près du quinquet les amants s' trouvant tous;
  A gauche, on dit : « C'est ma femme ! »
   A droite : « C'est mon époux !
    « Perfide ! — Infâme !
    « Crains mon courroux.
  « Sont-ils bêt's ! » dit Nanon,
    « Eh ! pourquoi donc
    « Prendre ce ton ?
    « I's d'vraient soudain
    « S' donner la main. »

Air : *du Mirliton.*

« Qu' faisiez-vous ici, madame ? »
  Dit le mari furibond.
« Monsieur, » lui répond sa femme,
« J'apprenais de ce beau blond
    « L'air du mirliton,
    « Mirliton, mirlitaine,
« L'air du mirliton, ton, ton. »

Air : *Mes chers enfants, unissez-vous.*

« Mais vous, monsieur, dans c' bosquet-là,
« Avec mam'zell', qu'alliez-vous faire?
« Vous me refusez l' nécessaire,
« Et vous fait's ici des *extra* !
« Madam', mam'zell' est un' vestale
« Qu' son pèr' me laiss' prom'ner les soirs,
« Pour que je l'instruis' sur les devoirs
    « De la piété filiale. » .

Air : *Oh! oh! oh! oh! ah! ah! ah! ah!*

Durant l' colloque précédent,
  Le blond et la d'moiselle
Jugèrent qu'il était prudent
  De n' pas s' mêler d' la qu'relle,
Laissant les autres s' tirer d' là,
Zeste, chacun d'eux s'en alla,
    Fila.
Oh ! oh ! oh ! oh ! ah ! ah ! ah ! ah !
Les époux restèr'nt comm' baba.

AIR : *du Fleuve de la vie.*

Par les chers objets de leur flamme
S' voyant alors abandonnés,
Monsieur prend le bras de madame,
Ils ont tous les deux un pied d' nez.
En songeant au nœud qui les lie,
Ils dis'nt qu' c'est divertissant
De descendre, en se haïssant,
    Le fleuve de la vie.

AIR : *J'ons un Curé patriote.*

Nanon, qu'est toute fripée,
M' dit : « Sortons d'ici, cadet ;
« J'aime ben mieux la Rapée,
« On y voit ce qu'on y fait.
« Quand tu me promèneras,
« Quand tu me régaleras,
    « C'est fichu,
    « C'est là qu' tu
« C'est là qu' tu m'emmèneras,
« Oui, c'est là qu' tu m'emmèneras. »

AIR : *de la Croisée.*

J' partons, et d'un air gracieux
A mon bras Nanon se balance ;
Mais de c' que j'ons vu dans ces lieux
Je tirons cette conséquence :
Epoux, d'un minois agaçant,
Redoutez-y les infortunes !
Car au Jardin Turc, le croissant
N'est pas là pour des prunes.

JEAN-BART

SCÈNE DRAMATIQUE.

Paroles de CH. PONCY, Musique de L. BORDÈSE.

La Musique se trouve chez **A. HURÉ**, libraire-éditeur, à Paris, rue Dauphine, n° 44, près le Pont-Neuf.

RÉCIT.

Levons l'ancre et partons ! Par une nuit pareille,
On ne dort pas à terre : on tente les grands coups.
Hardi, mes loups de mer ! hardi, qu'on appareille !
Nos canons sont chargés et les vents sont pour nous.
  Voici que notre corvette,
  Aux flancs hérissés de fer,
  Reprend comme une mouette
  Son vol vers la haute mer.
  Avec elle, camarades,
  Il nous est même permis
  D'aller au fond de leurs rades } *bis.*
  Capturer les ennemis.

REFRAIN.

  L'Océan est mon empire,
  A moi, corsaire indompté,
  Et sur mon bord je respire
  La poudre et la liberté.
  Oui, sur mon bord je respire (*bis.*)
  La poudre et la liberté.

  Voyez-vous cette ombre noire,
  Qui glisse là-bas, là-bas,
  C'est un ennemi, victoire !
  Courez sus et branle-bas.
  Pointez juste, qu'un bordage
  Tombe à chacun de nos coups ;
  Puis, montons à l'abordage, } *bis.*
  Et le navire est à nous.
   L'Océan, etc.

  Mais un orage s'avance
  Pour nous engloutir ici ;
  Debout, marins de la France,
  Nous vaincrons l'orage aussi.
  Si la fortune vous tente,
  Si la gloire vous séduit,
  Votre âme sera contente, } *bis.*
  Car Jean-Bart vous y conduit.

LA CHANTEUSE DES RUES

ROMANCE DRAMATIQUE.

Paroles de MARC CONSTANTIN. Musique de JULES JAVELOT.

La Musique se trouve chez **A. HURÉ**, libraire-éditeur, à Paris, rue **Dauphine**, n° **44**, près le **Pont-Neuf**.

A l'ombre de la cathédrale,
Je vis le jour sans nul appui ;
Je chantais alors sur la dalle.
Hélas ! et je pleure aujourd'hui.
Dans la Cité, pauvre fille éplorée,
A la fin de chaque journée,
Je rentre, l'opprobre à mon front,
Sous le désespoir et l'affront.
    Pitié ! pitié pour ma jeunesse !
    Car les cieux me sont inconnus ;
    Pitié ! pitié pour ma jeunesse !
    Bientôt je ne chanterai plus.

Quand le bourdon de Notre-Dame
Vous invite à prier le ciel,
Oh ! savez-vous bien, noble dame,
Que mon âme est pleine de fiel !
Et quand le soir, dans vos brillantes fêtes,
Fait scintiller les perles à vos têtes,
Moi, pour parer mon front maudit,
J'ai le froid brouillard de la nuit !   — Pitié ! pitié, etc.

Des scélérats, la tourbe infâme
M'entoure de ses cris joyeux,
Et quand j'ai la mort dans mon âme,
J'ai le sourire dans les yeux.
Oh ! ma souffrance est un supplice horrible !
Ma vie est un rêve pénible !
Mon Dieu ! mon Dieu ! faut-il souffrir !
Et souffrir sans pouvoir mourir !...   — Pitié ! pitié, etc.

Allons, voici l'heure venue ;
Préparez vos sanglants poignards !
L'ombre a descendu dans la rue ;
Vous ne craindrez plus les regards.
Pour égayer l'épouvantable orgie,
N'avez-vous pas Fleur de Marie !...
Pour vous, elle n'a que des fleurs ;
Pour elle, elle n'a que des pleurs !   — Pitié ! pitié, etc.

LA FOI,
L'ESPÉRANCE & LA CHARITÉ

Paroles de C. PRADIER, Musique de JULES COUPLET.

La Musique se trouve chez **A. HURE**, libraire-éditeur, à Paris, rue Dauphine, n° 44, près le Pont-Neuf.

Croyons en Dieu, car tout dans la nature
Nous dit l'auteur de ses divins travaux,
Que l'homme vit après la sépulture,
Qu'il n'est point fait pour souffrir tous les maux.
Croyons en Dieu quand gronde le tonnerre,
Que le méchant pâlisse alors d'effroi !
Car tôt ou tard il brise comme un verre
Faible ou puissant, l'homme injuste et sans foi.

Espérons tous un avenir prospère,
Mortels courbés sur d'arides sillons.
N'avons-nous pas un même et tendre père,
Qui fait germer et dore les moissons ?
Gardons surtout la pieuse Espérance
Que l'étranger ne sera plus vainqueur.
Ou s'il le faut, au cri : Vive la France !
Enfants, mourons, mais sauvons son honneur.

Aimons-nous tous ! Ne sommes-nous pas frères ?
Est-il quelqu'un dans ce vaste univers
Qui ne soit pas soumis à nos misères,
Et la fortune est-elle sans revers ?
Ne trouvons plus la prière importune ;
Et si demain, trompeuse Déité,
L'or se changeait en haillons d'infortune,
Ayons nos cœurs riches de Charité !

Il faut à l'homme une sainte croyance
Qui le console, apaise ses douleurs,
Lorsque écrasé, broyé par la souffrance,
Ses yeux taris lui refusent des pleurs.
O Christ divin ! reprends ton blanc suaire,
Et viens prouver par l'exemple d'un jour
Qu'on ne meurt pas, même sur un calvaire,
Avec la Foi, l'Espérance et l'Amour.

DISCOURS INÉDITS
DU
Révérend Père Gorenflot,

Mis en musique sur l'air *du Tra la la la.*

Chers frères en Bacchus, joyeux et francs lurons,
Où sont les vieux refrains et leurs charmants flonflons?
Comm' des bonnets de nuit nous somm's tristes ; enfin,
Dans nos r'pas, au dessert, on ne chante plus rien,
    Pas mêm' le tra la la la,   (*bis.*)
    Pas mêm' le tradéridéra,
    Tra la la.

On tourne à l'habit noir, au tragique, au fatal.
Chez nous, tout est maussad', tout jusqu'au carnaval !
Chantez-nous donc quelqu' chos' de gai, de souriant,
Par exemple, une fabl' de monsieur Florian,
    Sur l'air du tra la la la, etc.

« Eh quoi ! me direz-vous, fair' parler éléphants,
« Sarcelles et lapins, renards, singes et paons !... »
Moi, je vous répondrai, sans médir' des humains,
Que ces bêt's parlent mieux que ne le font certains
    Chanteurs du tra la la la, etc.

Ces animaux n'sont pas si bêt's que vous l' pensez...
Leur conduite est fort sage et leurs avis sensés.
Mais, hélas ! ils ont beau nous dire notre fait,
Pour nous, le plus souvent, c'est comme s'ils chantaient
    Sur l'air du tra la la la, etc.

Pour terminer plus vit' cet ennuyeux sermon,
Buvons comme nos pèr's, mangeons force jambon...
Et pour ressusciter les refrains d'autrefois,
Narguant l' *De profundis,* nous chanterons cent fois
    Sur l'air du tra la la la, etc.

Pour copie conforme, sous la dictée du Révérend,
MAXIME GUFFROY.

LE PETIT MANTEAU BLEU.

AIR : *du Retour des Chansons.*

Champion n'est plus, que de nos cœurs s'exhale
Un chant de deuil entrecoupé de pleurs ;
Il n'ira plus sur les ponts, à la halle,
De la misère appaiser les douleurs.
O Jésus-Christ ! qu'auprès de tes apôtres
Il soit placé, lui, qui suivit ton vœu ;
Car de son bien il fit celui des autres.....
Pauvres, pleurez le petit manteau bleu ! (*bis.*)

Pour tous, son bien était un arbre immense
Dont les rameaux chargés de fruits nombreux
Donnaient toujours, à défaut d'abondance,
Le nécessaire à bien des malheureux.
Mais l'arbre meurt dès que périt la sève,
Et le saint homme est remonté vers Dieu ;
Il a passé comme passe un beau rêve...
Pauvres, pleurez le petit manteau bleu. (*bis.*)

Quand la rosée en perles scintillantes
Vient le matin se poser sur les fleurs,
Au doux contact de ces larmes brillantes
Le bouton s'ouvre, exhale mille odeurs.
Du pauvre enfant la jeunesse épuisée
A ses bienfaits se ranimait un peu ;
Un vent mortel a séché la rosée...
Enfants, pleurez le petit manteau bleu. (*bis.*)

Dès que le ciel s'enrichit d'une étoile,
La terre, hélas ! d'un grand cœur est en deuil.
O charité ! que ton beau front se voile !
Champion, repose en paix dans son cercueil.
Conduis au ciel près des âmes célestes
Son âme pure ; elle a droit au saint lieu :
Nous, sous des fleurs nous ombrageons les restes
Saints et sacrés du petit manteau bleu. (*bis.*)

ALEXIS BADOU.

AMOUR

Air : *O! ma tendre amie.*

REFRAIN.

    O ! douce Marie,
    Tu fais mon bonheur,
    Et sans toi la vie
    N'est plus que douleur.

A quoi bon entendre les oiseaux des bois !
L'oiseau le plus tendre chante dans ta voix.
    O ! douce Marie,
    Tu fais mon bonheur,
    Et sans toi la vie
    N'est plus que douleur.

Que Dieu montre, ou voile les astres des cieux,
La plus pure étoile brille dans tes yeux.
    O ! douce Marie,
    Tu fais mon bonheur,
    Et sans toi la vie
    N'est plus que douleur.

Que Mai renouvelle le jardin en fleur ;
La fleur la plus belle fleurit dans ton cœur.
    Cet oiseau de flamme,
    Ce rayon du jour,
    Cette fleur de l'âme
    Se nomment l'amour.

                  ARTHUR LAMY.

Paris, A. HURÉ, éditeur et seul propriétaire,
rue Dauphine, 44, près le Pont-Neuf.

*Tout exemplaire non revêtu du timbre de l'éditeur
sera poursuivi comme contrefaçon.*

Paris. — Typ. CHAUMONT, 6, rue Saint-Spire.

AH ÇA!
CASIMIR,

CHANSONNETTE.

Paroles de P. MÉRIGOT,

Musique de P. BLAQUIÈRE.

La Musique se trouve chez A. HURÉ, libraire-éditeur, à Paris, rue Dauphine, n° 44, près le Pont-Neuf

En cueillant des cerises,
Le jeune Casimir
Me disait des bêtises
Qui me faisaient rougir ;
Pourtant j'étais heureuse
En l'entendant parler ;
Dans son humeur joyeuse,
Il voulait m'embrasser !
 Ah ça ! Casimir,
 Voulez-vous bien finir !
 Casimir, Casimir,
 Voulez-vous bien finir !

Album du Gai Chanteur. — 3ᵉ vol. 51ᵉ Livraison.

Mais une chose indigne,
Que je ne puis nier,
En passant dans la vigne,
Il a pris mon panier.
J'ai voulu lui reprendre
Et défendre mon bien,
Mais comment le défendre
Quand un méchant vous tient.
  Ah ça! Casimir, etc.

Quoi! vous osez sans crainte?
C'est bien peu délicat;
Je porterai ma plainte
A notre magistrat.
Mes feuilles, mes cerises
Vont perdre leur fraîcheur;
Finissez vos bêtises,
Ou je crie : au voleur!
  Ah ça! Casimir, etc.

Pour calmer ma colère,
Tout le long du chemin,
Il me disait : ma chère,
Accepte de ma main
Cette branche superbe
Que je vois au prunier.
Asseyons-nous sur l'herbe,
Pour remplir ton panier.

 Ah ça! Casimir,
 Voulez-vous bien finir!
 Casimir, Casimir,
 Voulez-vous bien finir!

MARIEZ-VOUS

CHANSON DE NOCE.

Gai, gai, mariez-vous !
Faites-nous faire bombance,
Et ça vous portera chance :
Jeunes gens, mariez-vous !

Entre fillette et garçon,
Lorsque tous deux on s'adore,
Ce n'est pas avoir raison
D'attendre longtemps encore.
    Gai, gai, etc.

Pour contracter ce lien,
Dieu mit la femme sur terre ;
Il faut obéir, eh bien !
Faites comme votre mère.
    Gai, gai, etc.

Vous direz tout comme nous,
Lorsque viendra la froidure :
Être deux, ah ! qu'il est doux !
Sous la même couverture.
    Gai, gai, etc.

Vous qui n'avez plus quinze ans,
Dépêchez-vous, jeunes filles ;
Car de quinze à vingt-cinq ans,
C'est l'âge où l'on est gentille.
    Gai, gai, etc.

Mes amis, soyez heureux,
C'est le vœu que chacun forme ;
Mettez, quand vous serez deux,
L'étiquette à la réforme.
    Gai, gai, etc.

F. VERGERON.

LE TOURNIQUET

Chanson par J. MARIE.

Air: *Toto, Carabo.*

On a mis en usage,
Dans ce charmant pays
   De Paris,
— Non par agiotage —
Mais bien pour encaisser,
   Escompter,
Un grand instrument,
   Où subitement
L'argent passe au secret.
C'est un beau tour (*bis*) c'est un beau tourniquet.

L'un auprès de la Bourse
Nous apprend chaque soir,
   Sans les voir,
Combien, au pas de course,
Il y va de rentiers,
   De fermiers,
Prendre des coupons
   Ou placer leurs fonds,
— Rarement sans regret —
A ce bon tour (*bis*) à ce bon tourniquet.

Au temple où l'industrie
Expose ou végétaux,
   Ou tableaux,
Je n'avais de ma vie
Vu payer en entrant
   Et comptant,
Tandis qu'aujourd'hui,
   Il faut, quel ennui!...
Fouiller à son gousset,
Grâce à ce tour (*bis*) grâce à ce tourniquet.

Caron, pour une obole,
Fait passer l'Achéron,
— Nous dit-on —
Eh bien! sans hyperbole,
C'est un franc qu'il prendrait,
Sans méfait,
S'il ne savait pas,
Qu'à tous ici-bas,
Notre or est toujours prêt
A mettre au tour (*bis*) à mettre au tourniquet.

Bien loin que je critique
L'engin audacieux,
Ingénieux,
Je voudrais qu'on applique,
Dans un certain endroit
Ou le *Droit*
Voit des insensés
Toujours empressés
De frapper au guichet,
Un joli tour (*bis*) un joli tourniquet.

Comme il faut qu'on apporte
De la logique en tout,
Et pour tout,
Je crois qu'à chaque porte
On va faire ajuster,
Adapter,
Pour que nos portiers
Deviennent rentiers,
Sur notre bon budget,
Un petit tour (*bis*) un petit tourniquet.

LA TONNE ou LA RÉALITÉ

CHANSON DE TABLE.

Tout souvenir, a dit un sage,
Ressemble au regret, sur ma foi ;
Gaîment je ris de cet adage :
Mon goût me soustrait à sa loi.
En effet, l'amour qui s'envole
Laisse des pleurs après son char,
Et le portrait de notre idole
Ne peut remplacer son regard.
Pan, pan, pan, pan, vive la tonne !
Buvons ! buvons ! son âme est la gaîté !
Pan, pan, pan, pan, seule elle donne
Sur cette terre la réalité.

Pauvre rêveur, le sort t'amuse ;
Mais la mort vient, il est trop tard !
Poète ! en vieillissant, ta muse
Laissera la lyre en retard !
L'amour n'est qu'un jeu de passage,
Car il fuit avec le printemps ;
L'ivresse, seule, n'a pas d'âge :
L'homme gris a toujours vingt ans !
   Pan, pan, pan, etc.

Te souviens-t-il encor, ma belle,
De nos joyeux repas aux champs ?
Le vin, sous la verte tonnelle,
Dictait seul nos jeux et nos chants !
Tu n'es plus la folle maîtresse,
Et la neige couvre mon front ;
Mais on retrouve la jeunesse
Dans la lie d'un vieux flacon.
   Pan, pan, pan, etc.

Tout doit finir comme les roses,
Et le temps vient rider nos cœurs !
L'homme, dans ses métamorphoses,
Des âges subit les rigueurs.
Grappe, au brillant rubis que j'aime,
Jour par jour glisse nous l'espoir ;
Seul, le buveur reste le même,
Au début comme au dernier soir.
   Pan, pan, pan, etc.

BAPTISTIN ARNAUD.

LE DÉLUGE

CHANSON

de Charles COLMANCE.

La Musique se trouve chez **A. HURÉ**, libraire-éditeur, à Paris,
rue Dauphine, n° 44, près le Pont-Neuf.

AIR : *A la Papa.*

Dans son nuageux séjour,
Notre globe fit un jour
   Un mauvais tour.
« J'ai beau t'activer,
Dit un' voix colossale,
« Tu vas t'engraver,
« Ta surface est trop sale !
   « Vas t' laver ! »   (*ter.*)

Ce bain dans chaque habitant,
Rencontre un récalcitrant ;
   C'est épatant.
L'un fait observer
Que les eaux sont trop fades
Pour s'en abreuver.
—Toi, comm' les camarades,
   Vas t' laver !   (*ter.*)

Moi, dit un rogneur d'écus,
J'ai deux p'tits millions, au plus,
   Et des vertus ;
Si j'ai fait crêver
Mon prochain sur la paille,
C'est pour l'éprouver.
—Toi, tu n'es qu'un' canaille,
   Vas t' laver !   (*ter.*)

Nous tenons, dit un savant,
Un cours d'engourdissement
   Pour l'indigent ;
Pour l'y conserver,
Tous moyens sont les nôtres,
Quitte à l'énerver.
— Tu n' vaux pas mieux qu' les autres,
    Vas t' laver !   (*ter.*)

Une vierge en cheveux blancs,
Dit : Moi depuis soixante ans,
   J' fuis les amants ;
J' sais m'en préserver,
Par ce que je conserve
Je puis le prouver.
— C' que j'ai fait faut qu' ça serve,
    Vas t' laver !   (*ter.*)

Allah ! dit un marabout,
Quoi ! l'hérésie est debout,
   Tout mon sang bout ;
Je puis la braver,
J'ai ma plume et ma chaire
Pour l'invectiver.
— Tu f'rais bien mieux de t' taire.
    Vas t' laver !   (*ter.*)

Toi qui fis l' premier tonneau,
Si tu veux garder ta peau,
   Prends un bateau ;
J' te permets d' sauver
Ton mat'las, ta vaisselle,
L' vin qu' t'as mis cuver,
Puis dis à ta séquelle :
    Vas t' laver !   (*ter.*)

Soudain, les gouffres sans fonds,
Les puits, les fleuves profonds
   Et les syphons,
Viennent lessiver
Notre pauvre planète ;
Pour les aviver,
La grosse voix répète :
    Vas t' laver !   (*ter.*)

LE RÊVE D'UN BUVEUR

RÊVERIE BACHIQUE.

Paroles de JULES CHOUX, Musique de V. ROBILLARD.

La Musique se trouve chez A. HURÉ, libraire-éditeur, à Paris, rue Dauphine, n° 44, près le Pont-Neuf.

Un soir, certain buveur, sous l'ombrage des treilles,
Dormait paisiblememt, libre et content du sort,
Quand soudain, réveillé par un choc de bouteilles,
Il éleva la voix, croyant rêver encor :
Pourquoi me réveiller, lorsqu'au doux bruit des verres,
Songeant, je revoyais les plus beaux de mes jours !
Amis, versez du vin ! Oubliant les misères,
Je veux rêver encor, je veux rêver toujours.

Je voyais, comme au temps de ma douce jeunesse,
Ma mère, en m'embrassant, sourire à mon réveil ;
Je revoyais aussi, la première maîtresse,
Qui fit pâlir mon front, sous un baiser vermeil !
    Pourquoi me réveiller, etc.

Dans un livre vivant, je lisais notre histoire,
Et fiers de prendre part à ses faits éclatants,
Poètes et soldats, tous couronnés de gloire,
Près de moi s'illustraient, parmi les combattants.
    Pourquoi me réveiller, etc.

Nous étions revenus aux temps les plus prospères :
L'abondance faisait braver l'adversité ;
Les femmes étaient sœurs, et tous les hommes frères ;
On pouvait chanter, rire et boire en liberté !
    Pourquoi me réveiller, etc.

Buvons, amis, buvons... Dieu qui veut de la vie
Nous voir cueillir les fleurs pour en goûter le miel,
Dans le vin mit plaisir, amour, gloire et génie,
Le tout, sur un coteau, sur le chemin du ciel !
Pourquoi se réveiller, quand au doux bruit des verres,
Chacun peut retrouver les plus beaux de ses jours ?
Buvons, amis, buvons ! Pour narguer les misères,
Il faut rêver encor, il faut rêver toujours !

MON RÊVE
LE PLUS DOUX.

ROMANCE.

Mon âme s'abandonne
Aux rêves enchanteurs,
Quand le ruisseau frissonne
En glissant sous les fleurs.
Je rêve, quand l'aurore
Éveille en souriant,
Le vallon qu'elle dore
D'un prisme scintillant.

Mais lorsque ton sourire
Enivre et mon âme et mes yeux,
Le rêve qu'il m'inspire   (bis.)
Est un rêve des cieux.

Je rêve, quand l'abeille
Va butiner son miel
Dans la rose vermeille
Qui s'ouvre au feu du ciel.
Je rêve, sous l'ombrage,
Auprès des verts guérets ;
Je rêve, quand l'orage
Ebranle nos forêts.

    Mais lorsque ton sourire, etc.

Je rêve, quand la brise,
Au souffle langoureux,
Enfle la voile grise
D'un pêcheur amoureux.
Je rêve, lorsqu'en plaintes,
D'un hymne solennel,
J'entends les notes saintes
Monter vers l'éternel.

    Mais lorsque ton sourire, etc.

BAPTISTIN ARNAUD.

IL FAUT
SE RÉSIGNA, FOUCH'TRA !

AIR : *de Cadet Roussel.*

Jai pour voisin un Auvergnat
Il est charbonnier d' son état ;
J'amais il ne s'émeut de rien,
Et dit qu'ici-bas tout est bien.
Autour de lui chacun de geindre,
Et de médire et de se plaindre.
Bah ! bah ! dit l'Auvergnat,
Il faut se résigna, fouch'tra !

Croyant un jour le fair' sortir
De son flegm', je cours l'avertir
Que son honneur est en danger,
Chez son voisin le boulanger.
J'ajout' : Vous n'avez donc pas d'âme,
J' vois bien qu' vous n'êt's ni homme ni femme.
    Bah ! bah ! etc.

On vient lui dire : Entendez-vous
Le bruit que font ces deux époux.
Tout ce tapage a pour objet
La discussion du budget.
Le mari veut (on le devine)
En rayer l' chapitr' crinoline.
    Bah ! bah ! etc...

Notre Auvergnat n'est pas manchot,
Il est surtout loin d'être sot;
On le consulte volontiers,
Il est l'oracle du quartier.
Devons-nous, lui dit-on, brave homme,
Quitter l'Inde et rester à Rome?
  Bah! bah! etc.

L'art dramatique est aux abois,
A c'qu'il paraît, puisque je vois
Tour à tour le public glouton
Dévorer le *Pied de Mouton*,
Atar-Gull, mad'moiselle *Angèle*,
Puis souper à la *Tour de Nesle!*
  Bah! bah! etc.

On s'empresse de démolir
Paris, afin de l'embellir,
De l' rajeunir, de l'assainir;
Mais j'entrevois, dans l'avenir,
Qu' ses maisons, pour tous locataires,
N'auront plus qu' leurs propriétaires!
  Bah! bah! etc.

Voulant frapper un dernier coup,
Soudain je lui dis tout à coup:
On fait circuler certain bruit;
Votre banquier doit cette nuit,
Dit-on, sans tambour ni chandelles,
Lestement filer sur Bruxelles.
Fouch'tra! crie l'Auvergnat,
Je m'en vas vous l'estrangouilla!

    Jules DE BLAINVILLE,

Paris, A. HURÉ, éditeur et seul propriétaire,
rue Dauphine, n° 44, près le Pont-Neuf.

Tout exemplaire non revêtu du timbre de l'éditeur sera poursuivi comme contrefaçon.

Paris. — Typ. CHAUMONT, 6, rue Saint-Spire.

PILLIOU

LE FUSILLIER DU 101ᵐᵉ

Chanté au Café concert de *la Perle*,

Par M. LUCE.

Paroles de ALEXIS BOUVIER.

La Musique se trouve chez **A. HURÉ**, libraire-éditeur, à Paris, rue Dauphine, nº 44, près le Pont-Neuf.

C'est moi qui suis du métier militaire,
    Le vrai soutien,
    Par mon maintien,
Dans la paix, dans la guerre.
Aussi l'on dit partout :
Tiens, c'est le petit Pilliou,
    Le petit Pilliou,
Le petit pousse caillou.

(PARLÉ.) Pousse caillou ! pousse caillou, c'est en arrière qu'ils le disent, les lâches ! C'est Pilliou que je suis, fusillier du 2ᵐᵉ de la 3ᵐᵉ du 2ᵐᵉ du 101ᵐᵉ, compagnie des litres !... Pour lors qui faut que vous sachiez que mon père voulait que je fusse artiste ; moi que je voulais l'être perruquier ! mais que nous ne comptions pas sur le Gouvernement qu'il a voulu que je sois militaire, et ma foi que subséquemment et nonobstant que je sens que vraiment que je lui en suis infiniment reconnaissant. D'abord, je vous dirai que je suis heu-

Album du Gai Chanteur. — 3ᵉ vol. 52ᵉ Livraison.

reux par le rapport de ce que, relativement et jugulairement parlant, je connais depuis peu le moyen qu'est-ce que c'est d'être gradé par la cause que le sergent que je lui ai demandé : dites-donc, sergent, c'est-il vrai que tant plus que l'on a de nez, tant plus que l'on est gradé? (*Le sergent.*) Certainement, z'espèce de fétus que t'es. — (*Pilliou.*) Mais dites-donc, sergent, que j'ai des chances alors ! (*Le sergent.*) Inférieurement ! — Vous comprenez bien que depuis ce moment-là que je le soigne, mon nez, je le bourre de tabac à l'en faire éclater, si bien que quand je me mouche, le caporal, qui craint que le coronel m'entende et ne me porte au tableau d'avancement, il dit au trompette : il se mouche, *sonnez!*... Ah ah! sufficit, je calembourde :

REFRAIN :

Vive la corvée et mon bel état,
Aussi je veux vivre et mourir soldat.
Amant de Vénus, ami de la gloire,
On verra mon nom briller dans l'histoire.
Vive la corvée et mon bel état,
Aussi je veux vivre et mourir soldat.

Le coronel veut que j'apprenne à lire,
Je le veux bien;
Si j'apprends rien,
On pourra pas me dire :
Pilliou est un crétin,
Une ganache, un pékin.
J'aurais cherch*ére*
Le moyen d' m'éduqu*ére.*

(PARLÉ.) Pour lors que c'était à la classe que le sergent Brémour qui me dit : n° 2, Pilliou. — (*Pilliou.*) Présent. — (*Brémour.*) Qu'est-ce que c'est que le sustampif? — (*Pilliou.*) Le sustampif, sergent? ah oui ! Je ne sais pas sergent. — (*Brémour.*) Espèce de peigne, serin que t'es. Le sustampif que c'est une chose qui peut se prendre comme qui dirait mon schako, mon sabre ou ma pipe. — (*Pilliou.*) Oui, sergent, c'est comme qui dirait : la substance du pif ! — (*Le sergent.*) Pilliou, vous me ferez deux jours de clou pour cette réponse incidieuse et fallacieusement rétrospective. — (*Pilliou.*) Mais, sergent. — (*Brémour.*) Pas d'observation. Répondez : dans le feu surgit de l'étable! ousqu'est le sustampif?—(*Pilliou.*) Le sustampif, sergent... Mais je ne vois pas de sabre, de schako ni de pipe dans le feu...—(*Brémour.*) Pilliou, vous me ferez redeuse jours de clou pour cette réponse cataplastique. — (*Pilliou.*) Mais, sergent, mettez-vous à ma place.—(*Brémour.*) Deux jours pour avoir fait à votre supérieur cette proposition incommensurable! Et apprenez que dans le feu surgit de l'étable le sustampif; il est sur le *j*, puisque le feu il est surgit de la table.... Cette fois, j'en fus atterrissé; aussi, je me disais à part moi: Oh! Pilliou, j'en rougirais de honte si j'étais *qu'à ta place.* Oh! oh! sufficit, je recalembourde? (*Au refrain.*)

> Toujours premier quand on sonne l'exercice,
>   Tout astiqué,
>   Frais pommadé,
> A cheval sur le service,
> Je descends lestement,
> Et vais subséquemment
>   Saluer gaîment
> Mon superbe sergent.

(PARLÉ.) Figurez-vous que l'autre fois, j'étais de service à la porte du quartier; voilà qu'il arrive un pays à moi, Bridot, de la 3ᵐᵉ du 98ᵐᵉ. Il venait voir Redon le tambour. C'était le sergent Jouvigniol, qu'est sourd comme un pot, qui était justement de planton. — Sergent, qu'il y dit, je voudrais parler à Redon? — Vas chercher Frémy, qu' se dit le sergent.— Mais, sergent, c'est Redon que je... —Ah ça, tâchez de savoir que je sais ce que je dis, et soyez inopinément moins fallacieux à mon égard; Pilliou, aller chercher Frémy! — Je vais chercher Frémy, je l'amène. — Mais, qui dit, je ne connais pas cet homme-là, sergent.—(*Le sergent.*) Qu'est-ce que vous dites? Et vous?— Moi non plus, sergent, je demandais Redon!—(*Le sergent.*) Qu'est-ce que vous m'embêtez; fichez-moi ces deux hommes-là au clou jusqu'à ce qui se reconnaissent. — Tout à coup, le sergent *il* me dit: Pilliou, tu vas prendre une pelle et une pioche, tu vas creuser un trou dans la cour, et tu mettras dedans le fumier qui affectionne dans le quartier. — Je creuse mon trou, je mets le fumier. Ça y est, que je dis, sergent; mais dites-donc, ousque faut mettre la terre? — Quelle erre? — La terre que j'ai mis le fumier à la place.

—Imbécile, qui me dit, tu ne pouvais pas faire ton trou plus grand, donc?... C'était vrai, j'y avais pas pensé. Oh! c'est qu' c'est un malin, le sergent ; aussi vrai, là, j'en suis fier. C'est qui connaît la hiérorigarchie, allez. Tenez, pas plus tard qu'hier, qu'i' voit sortir 'e petit Lousticot qui fait toujours son fendant; il allait voir sa personnière.—Le sergent le regarde : il me semble, Lousticot, qu'i dit, que la partie supérieure de votre fourreau de baïonnette il manque de réverbération à sa superficie, et que le troisième bouton de votre guêtre il dévie de trois quarts de millimètre de la ligne horizontale et perpendiculaire, ce qui dérange l'harmonie symétrique et rétrospective de votre individu, et puis, mais... qu'est-ce que vous avez donc sur le nez?—(*Lousticot.*) Des lunettes, sergent, je suis moyppe. — Comment, des lunettes: vous, un simple soldat, qu'est-ce que je porterai donc? moi, votre supérieur... alors des télescopes? — Il en fut ébobi. — Aussi, j'aime mon rég'ment, j'en suis fier, et j'aime entendre l'appel, ça me ranime, ça me ragaillardit; enfin, c'est avec l'*appel* que j'entretiens mon feu. Oh! ah! sufficit, je recalembourde. (*Au refrain.*)

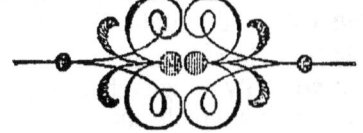

LA NONNE

AIR : *de la Religieuse.*

Vouée à Dieu, presque dès mon jeune âge,
Je le priais, mon chapelet en main,
Lui demandant la force et le courage
Pour prononcer mes vœux le lendemain,
Quand tout à coup je vis de ma fenêtre
Deux fiancés, deux jeunes amoureux,
Se reposant à l'ombre d'un grand hêtre,
Comme ils s'aimaient, comme ils semblaient heureux !

 Voyant de quelle ardente flamme
  Brûlait leur cœur,
 J'enviais du fond de mon âme
  Leur doux bonheur !

La voix émue et les mains enlacées,
Oubliant tout, et la terre et les cieux,
Ils confondaient leur âme et leurs pensées,
Dans un seul mot : Amour ! mot tendre à deux.
De doux baisers, dans leur douce allégresse,
Venaient encor augmenter leurs désirs ;
Moi, pauvre nonne, enviant leur ivresse,
Je dis : Fuyons ces profanes plaisirs.
 Voyant de quelle ardente flamme, etc.

Mais quels désirs de mon être s'emparent,
Quel feu divin me dévore à mon tour ;
Déjà mon cœur et ma raison s'égarent.
Est-ce donc là ce qu'on nomme l'amour !
Oui, car bientôt, sensations étranges,
Mon sein s'agite !... Ah ! quel céleste émoi !
Je suis aux cieux, je suis auprès des anges,
Je suis heureuse et je ne sais pourquoi !
 C'est que voyant de quelle flamme, etc.

Ah ! depuis lors, je suis folle, insensée,
Je crois les voir, j'y songe chaque jour ;
Loin de ces lieux s'envole ma pensée,
Et loin de Dieu je cherche un autre amour.
Quoi de plus doux, quand tendrement on s'aime,
Quand de deux cœurs on ne fait plus qu'un cœur !
Ah ! rien ne vaut cette ivresse suprême,
Aucun bonheur n'est rien sans ce bonheur.
 C'est que voyant de quelle flamme, etc.

PRUDENCE.

LA BANQUE DES MALHEUREUX

LÉGENDE.

Paroles de F. TOURTE. Musique de L. ABADIE.

La Musique se trouve chez A. HEUJERE, libraire-éditeur, à Paris,
rue Dauphine, nº 44, près le Pont-Neuf.

Munich, la ville radieuse,
Souriait sous un ciel d'hiver,
Pressant sa marche aventureuse,
Un cavalier passait l'œil fier,
Un artisan vêtu de bure,
Au seuil d'un palais opulent,
Maudissait la mère nature
Et répétait en grelottant :
A la banque des malheureux,
Je n'ai plus rien à mettre en gage,
La misère est dans mon ménage,
J'ai des enfants, pitié pour eux !   (*bis*).

Le cavalier suspend sa course ;
On ne l'implore pas en vain.
Au pauvre, il veut jeter sa bourse.
Est-ce un rêve ? pas un florin.
Ce manteau, saint Martin m'inspire,
Et j'imite sa charité ;
Sur ce fronton, si j'ai su lire,
C'est bien le Mont-de-Piété.
A la banque des malheureux,
Mon manteau, va le mettre en gage ;
Par ce moyen, je le partage,
Sans pourtant le couper en deux.   (*bis*).

De mon manteau, qu'as-tu, brave homme !
Ce monde est-il compatissant ?
Dix florins, c'est toute la somme ?
Il m'en a coûté plus de cent !
La garde passe et sa bannière
A trahi notre bienfaiteur ;
C'est lui, c'est le roi de Bavière,
Qui s'éloigne et dit dans son cœur :
A la banque des malheureux
Si l'on ne fait pas l'usure.
Le tailleur du roi, je le jure,
Me vend bien cher ou me vole au mieux.   (*bis*).

PLUS ON EST D'AMIS
PLUS ON BOIT

CHANSON DE TABLE.

Paroles de

PAUL DE KOCK.

Musique de Ch. POURNY.

La Musique se trouve chez **A. HURÉ,** libraire-éditeur, à Paris, rue Dauphine, n° 44, près le Pont-Neuf.

On peut aussi chanter cette chanson sur l'air :

Plus on est de fous.

Loin de nous chassant l'humeur noire,
Tous, gais artistes, bons vivants,
Aimant à chanter, rire et boire,
Nous nous rassemblons tous les ans.
A nous un ami s'incorpore,
Avec plaisir on le reçoit ;
Nous en trinquerons mieux encore :
Plus on est d'amis (*bis*), plus on boit.

Que l'on se boxe en Angleterre,
Qu'à Rome on aille faire un vœu,
Qu'en Chine on se fasse la guerre,
Nous nous en soucions fort peu.
Pour s'égayer le Français chante ;
Ici, messieurs, pour tout exploit,
Au lieu d'un coup buvons en trente :
Plus on est d'amis (*bis*), plus on boit.

Que chacun boive à sa maîtresse,
Et même il serait bien, je crois,
De boire aussi, par politesse,
A nos maîtresses d'autrefois ;
Par ce moyen, jusqu'à l'aurore
Nous resterons en cet endroit,
Et demain nous dirons encore :
Plus on est d'amis (*bis*), plus on boit.

LE FAUX COL
DE
BASTIEN

CHANSON.

Paroles d'Arthur LAMY.

AIR : des *Bottes de Bastien.*

Bastien, ce héros populaire,
Ce grand partisan du progrès,
Voyant qu' ses bott's à l'écuyère
N'obtenaient plus même succès ;
Pour que d' sa personne on raffole,
Il trouve le nouveau moyen...

(*Parlé.*) Mais, quoi ?

> Ah ! y s' pouss' du col,
> Y s' pouss' du col,
>   Bastien !
> Y s' pouss' du col, col, col,
> Y s' pouss' du col,
>   Bastien !

} *bis.*

Bastien voulant courir le monde
Et se fourrer un peu partout,
Dit : Les bott's, ça s'use à la ronde,
Mais un faux col, ça reste d'bout.
Des femmes je serai l'idole,
J' les séduirai par mon maintien.

(*Parlé.*) Gare ! laissez-le passer...

Ah ! y s' pouss' du col, etc.

Lorsqu'à la prom'nade il se pose
Avec son faux col éclatant,
Sa figure a l'air d'une rose
Dans un cornet de papier blanc,

Son lorgnon, qu'à l'œil il se colle,
Lui donne un petit air vaurien.

  (Parlé.) Quelle grâce!... quel chic!...

 Ah ! y s' pouss' du col, etc.

S'exprimant avec suffisance,
Parlant de tout et parlant fort;
Chacun admire sa science,
Qui parle fort n'a jamais tort.
Dans les salons, sur ma parole,
Il est déjà reçu très-bien.

  (Parlé.) Pourquoi? Le savez-vous?...

 C'est qu'y s' pouss' du col, etc.

Bastien dit avec avantage,
Au point de vous rendre jaloux :
Si j' voulais tâter du ménage,
Je s'rais l' plus heureux des époux.
De moi ma femme serait folle,
D'autres n'y pourraient jamais rien.

  (Parlé.) Croyez-vous ça, vous?

 Ah! y s' pouss' du col, etc.

Nouvelle espèce de bipède,
Partout on ne voit que Bastien,
Botté, ganté, le cou bien raide,
L'air grave et... ne pensant à rien.
Parfois, pourtant, il se désole,
C'est lorsqu'il entend ce refrain :

 Ah! y s' pouss' du col, etc.

REQUÊTE
DES PROPRIÉTAIRES

Rédigée par J. MARIE.

CHANSON.

AIR : *Ah ! daignez m'épargner le reste.*

A vous, public bon et discret,
Après avoir fait une enquête
Afin que vous jugiez l'objet,
Nous apportons une requête ;
En suppliant à deux genoux
Tous messieurs les locataires
De vouloir bien, et sans courroux,
Écouter les propriétaires.　　　(bis.)

Depuis longtemps, c'est bien certain,
Leur langage est intolérable ;
Sur notre foi ! le genre humain
Est on ne peut plus indomptable.
Quoi ! faut-il, pour un logement,
Que les pauvres propriétaires
Soient maudits, honnis si souvent,
De leurs bienheureux locataires.　　(bis.)

Il arrive que fréquemment
Ces messieurs trouvent sublime
De dire qu'un appartement
Nous rapporte autant qu'une dîme.
On dit que depuis fort longtemps
Nous pressurons les locataires ;
Veut-on donc envoyer aux champs
Broûter tous les propriétaires ?　　(bis.)

Car enfin, le fait est patent
Et prouvé par la statistique,
Le produit est de vingt pour cent
De la plus petite fabrique.
Eh bien ! nous faisons le serment,
Nous, malheureux propriétaires,
De ne gagner que *cent pour cent*
Sur chacun de nos locataires. (*bis.*)

Il est un proverbe français
Né d'un couplet de vaudeville,
Qui dit que pour n'avoir jamais
Le loyer de son domicile :
« C'est d'avoir sa maison à soi. »
Alors, de simples locataires,
Ils deviendraient devant la loi...
De gros et gras propriétaires. (*bis.*)

Sans ce moyen, très-chers amis,
Nous conservons le privilége,
Donnez, donnez, douces brebis :
« Le magot fait boule de neige. »
Arrondissez notre budget,
En nous laissant propriétaires ;
Nous roulerons cabriolet...
Et vous resterez locataires. (*bis.*)

Paris, A. HURÉ, éditeur et seul propriétaire,
rue Dauphine, n° 44, près le Pont-Neuf.

Toutes les Chansons contenues dans ce Recueil étant la propriété exclusive de l'Éditeur, la reproduction en est interdite et sera rigoureusement poursuivie.

Paris.— Typ. CHAUMONT, 6, rue Saint-Spire.

LA CHANSON DE L'AVEUGLE

Paroles de M. V***.

Musique de

CLÉMENT D'ANCRE.

La Musique se trouve chez **A. HURÉ**, libraire-éditeur, à Paris, rue Dauphine, n° 44, près le Pont-Neuf.

Et Chez **Adrien REY**, rue Lafont, 4, à Lyon.

J'ai senti dans ma chevelure
La brise odorante du soir :
L'été prodigue à la nature
Ses parfums, ses fleurs, son espoir.
Pourtant une magique lyre
Semble s'éveiller sur mes pas ;
L'été règne dans un sourire,
Oh ! oui, mais je ne le vois pas !
L'été règne dans un sourire,
Oh ! oui, oh ! oui, mais je ne le vois pas !

Album du Gai Chanteur. — 3ᵉ vol. 53ᵉ Livraison.

Quand pour le bal toute parée,
Ma fille vient baiser mon front,
Mon cœur la suit à la soirée,
Et je me dis : Ils la verront !
Si quelqu'un murmure : c'est elle,
Je tressaille au bruit de ses pas ;
Je sens qu'elle doit être belle,
Oh ! oui, mais je ne la vois pas !
Je sens qu'elle doit être belle,
Oh ! oui, oh ! oui, mais je ne la vois pas !

Elle est là sans cesse, à toute heure,
M'entourant de ses soins pieux ;
Elle pleure lorsque je pleure,
Et sa gaîté me rend joyeux.
Quand viendra ma dernière aurore,
Je pourrai mourir en ses bras,
Je pourrai l'embrasser encore,
Oh ! oui, mais ne la verrai pas !
Je pourrai l'embrasser encore,
Oh ! oui, oh ! oui, mais ne la verrai pas !

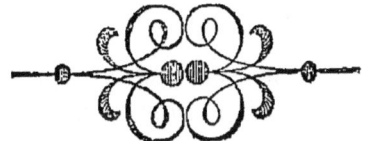

BLONDE ENFANT.

Air : *Fleur de l'âme.*

Un jour, j'ai vu passer un enfant fraîche et blonde :
Ses yeux d'un bleu d'azur, perdus dans l'infini,
Ont laissé dans mon âme une trace profonde,
Une trace de feu dont mon cœur est ravi.

REFRAIN.

Aussi j'ai dit adieu aux folies de jeunesse,
J'ai rejeté bien loin tous ces plaisirs trompeurs,
Et mon âme ardemment aspire au jour d'ivresse,
Où l'amour en ses liens confondra nos deux cœurs.

Elle a le doux regard de la vierge pudique,
Elle a son chaste cœur et ses divins attraits,
Elle a ce noble front de la beauté antique
Qu'un rêve soucieux ne traverse jamais.
    Aussi j'ai dit adieu, etc.

J'aime à voir au travers la gaze diaphane
Le galbe de son sein, cet écrin de son cœur ;
C'est le culte chéri où mon âme profane
Vient puiser chaque jour l'ivresse et le bonheur.
    Aussi j'ai dit adieu, etc.

Sa bouche, où le sourire est toujours prêt d'éclore,
S'entr'ouve en laissant voir un chapelet plus blanc
Que ne l'est la nature, au lever de l'aurore,
Quand l'hiver l'a vêtu de son manteau d'argent.
    Aussi j'ai dit adieu, etc.

Alexandre BOUVIER.

QU'EST C' QUE J' VOULAIS DONC DIRE?

CHANSONNETTE.

Air : *Montons à la barrière.*

Disons-le sans façon,
Afin qu'on l' sach' tout d' suite,
Je veux fair' un' chanson,
Moi ça m' prend comm' ça m' quitte.
La plum' dans l'encrier,
Je m' prépare à l'écrire,
Mais, pour la commencer,
Qu'est c' que j' voulais donc dire ?...

Ayant appris par cœur
Son chef-d'œuvr' d'éloquence,
Un fougueux orateur
A la tribun' s'élance ;
Mais au tiers du pathos,
Il bredouille, il délire,
Et conclut en ces mots :
Qu'est-c' que j' voulais donc dire ?...

Certain Gascon soldat,
A qui voulait l'entendre,
La veille d'un combat,
Parlait de tout pourfendre ;
Mais aux premiers coups de feux,
Prudemment il se r'tire,
Murmurant tout piteux :
Qu'est-c' que j' voulais donc dire ?...

Lorsque l'ami Criquet,
Mon meilleur camarade,
Promène son objet,
Il n' dit rien d' la prom'nade ;
Il s' contente en marchant,
Parfois de lui sourire,
Et n' lui parl' qu'en disant :
Qu'est-c' que j' voulais donc dire ?...

Un acteur, l'autre soir,
Dans une tragédie,
Oublia de savoir
La fin d' sa répartie ;
Mais comme justement
La rime était en *ire*,
Il déclam' tout bonn'ment :
Qu'est-c' que j' voulais donc dire ?...

Mais comme vous baillez !
Qui caus' votre souffrance ?
Bon ! vous vous endormez,
C'est l'effet d' ma romance ;
Vous auriez préféré
Que j'euss', dans mon délire,
Tout à fait oublié
Ce que j' voulais vous dire.

LÉON QUENTIN.

LE VENT DU DÉSERT.

CHANT DRAMATIQUE.

Paroles de C. PRADIER. Musique de J. COUPLET.

La Musique se trouve chez A. HURÉ, libraire-éditeur, à Paris, rue Dauphine, n° 44, près le Pont-Neuf.

Vole, ma noire Aïcha, ma cavale fumante,
Emporte-moi bien loin de la vaste Oasie,
Où je trouvais le soir, en rentrant sous la tente,
Le coucoussou, le lait et le pain de maïs,
Pour chercher le chrétien, le giaour, l'infidèle,
Pour l'écraser tremblant sous mon terrible effort !
Large Océan de sable, où bondit la gazelle,
Je brave tes lions, ton simoun et la mort,
Large Océan de sable, où bondit la gazelle,
Je brave tes lions (bis), ton simoun et la mort !

Par Allah ! le beau jour et la sanglante fête !
Ma belle ira frapper l'insensé conquérant ;
Mon yatagan faucheur fera voler sa tête,
Je laisserai son corps au chacal dévorant.
Qu'Allah compte déjà les jours de l'infidèle,
Pour qu'au jour du combat je sois terrible et fort.
    Large Océan, etc.

L'Arabe est au désert, l'immense flot de sable
Monte, monte toujours dans l'espace rougi,
Et puis se précipite en trombe épouvantable,
Et le lion se tait, car le ciel a rugi ;
Et demain l'attendra la bataille si belle,
Sa présence peut-être eut fait pencher le sort.
Sur l'Océan de sable, où bondit la gazelle,
L'Arabe avait trouvé le simoun et la mort. (bis.)
Sur l'Océan de sable, où bondit la gazelle,
L'Arabe avait trouvé (bis), le simoun et la mort !

LE CHEVALIER
DE
PLUME-AU-VENT

Paroles et Musique de **Émile DURAFOUR**.

La Musique se trouve chez **A. HURÉ**, libraire-éditeur, à Paris, rue **Dauphine**, n° **44**, près le **Pont-Neuf**.

Messieurs, je vais chanter ici, (*bis.*)
Non pas le sir de Framboisi, (*bis.*)
Mais un fait des plus authentique,
Esbouriffant et véridique,
Écoutez tous, en ce moment,
L'histoir' de Monsieur d' Plume-au-Vent. } *bis.*

Vous voyez son château d'ici, (*bis.*)
Le son du cor a retenti, (*bis.*)
Un homme lentement s'avance,
Tenant en main sa longue lance,
Coiffé d'un casque de fer-blanc :
C'est là Monsieur de Plume-au-Vent. } *bis.*

Un beau jour en guerre il partit, (*bis.*)
Pour vaincre un puissant ennemi ; (*bis.*)
Aux oiseaux il faisait la guerre,
Disant qu'ils ravageaient la terre,
Au château rentrait triomphant
Le chevalier de Plume-au-Vent. } *bis.*

Sa maison s' composait ainsi : *(bis.)*
D' sa femme et son chien favori, *(bis.)*
Un valet, sa mule fringante,
Un' bourrique et sa servante.
Ah ! quel personnel imposant
Qu' celui d' monsieur de Plume-au-Vent. } *bis.*

C'était un excellent mari, *(bis.)*
Constant, aimable à l'infini, *(bis.)*
Vœuf de sa quatrième femme,
Qui l'adorait du fond de l'âme ;
Mais elle avait tant d'agrément,
Qu'ell' passa comme une plume au vent. } *bis.*

Il est mort ce pauvre cher ami, *(bis.)*
D'une indigestion de rôti ; *(bis.)*
Il paraît aussi qu' la salade
L'avait rendu crânement malade.
Mes bons amis, voilà comment
Mourut monsieur de Plume-au-Vent. } *bis.*

La morale, enfin, la voici : *(bis.)*
C'est que j' viens d' vous chanter ici *(bis.)*
Une chanson vraiment bien bête ;
L'auteur avait perdu la tête,
Mais il faut l'applaudir pourtant,
Ou bien il jette sa plume au vent. } *bis.*

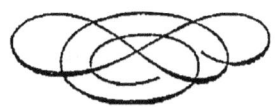

APRÈS LA MOISSON

VILLAGEOISE.

Paroles de A. LAMY, Musique de CH. POURNY,

La Musique se trouve chez A. HUREL, libraire-éditeur, à Paris, rue Dauphine, n° 44, près le Pont-Neuf.

On peut aussi chanter cette chanson sur l'air : *du Tambourin.*

La faucille a coupé les blés,
Et dans les prés, dans les prairies,
Attachés en gerbes fleuries.
Les épis d'or sont rassemblés.
   Ah ! ah ! ah ! ah ! ah !
Tout est fini, foins et moissons,
   Vite à la fête
   Que l'on s'apprête ;
Accourez filles et garçons,
En avant les folles chansons.

De beaux bluets, de blonds épis,
Enfants, tressez une couronne ;
Les fleurs que le bon Dieu vous donne
Valent bien mieux que les rubis.
   Ah ! ah ! ah ! ah ! ah !
Tout est fini, foins et moissons, etc.

Après la peine, le plaisir ;
Au son des musettes joyeuses,
Venez, gentilles moissonneuses,
La danse va nous réunir.
   Ah ! ah ! ah ! ah ! ah !
Tout est fini, foins et moissons, etc.

Allez glaner le sillon creux,
Pauvres enfants, pour votre mère ;
On a laissé tomber à terre
L'épi si cher au malheureux.
   Ah ! ah ! ah ! ah ! ah !
Tout est fini, foins et moissons, etc.

Bonne moisson au laboureur,
Bonne fortune pour la grange ;
Mais la cave veut la vendange,
En attendant chantons en chœur :
   Ah ! ah ! ah ! ah ! ah !
Tout est fini, foins et moissons, etc.

L'ARRIVÉE DE NIGAUDIN
A PARIS.
CHANSONNETTE COMIQUE.

La Musique se trouve chez **A. HURE**, libraire-éditeur, à Paris,
rue Dauphine, n° 44, près le Pont-Neuf.

Soudain, me l'vant de grand matin,
  J' fais mon paquet fort bien,
  Et je m' mets en voyage ;
J'avions souliers, habits et bas,
  Mon bâton sous le bras,
  Vers Paris j' guid' mes pas.

J'enrage, il vient un grand orage,
  Le tonnerre fait tapage ;
Mais, grand Dieu, quelle averse !
  J' suis mouillé jusqu'aux os ;
  J' veux passer un ruisseau,
  V'là t'y pas qu'un lourdeau
  Me pousse et me renverse !

  A peine à Paris,
  V'là qu'un' belle me dit,
  En me prenant la main :
« Mon ami, comment qu' tu t'appelles ?
— Moi, m'am'sell', j' m'appell' Nigaudin. »
  V'là qu'all' m' presse,
  Qu'all' m' caresse,
Et me serre sur son sein :
  Quell' tendresse !
  Quelle ivresse !
De te voir, mon cher cousin !

Enfin, la journée s' pass' très-bien,
  Je dors jusqu'au lendemain
  La grasse matinée.
A onze heur's, ma cousin' me dit :
  Lève-toi, mon petit,
  Le déjeûner est cuit.

Après m'être fait bien du corps,
  J' fais ma toilette et j' sors
  Pour visiter la ville ;

J' m'en fus voir l'ours Martin,
L'éléphant, le requin ;
J'étais, dans ce jardin,
Comme au sein d' ma famille.

J' vois une affiche qu'on contemple,
Les mains dans mes poches, j' lisons :
« Ambigu, boulevard du Temple,
« Aujourd'hui, *les Chevaliers du Lion.* »
    Au spectacle,
    Sans obstacle,
Dans un fiacre j' guide mes pas.
    Cette vie
    Est jolie
Quand l'argent ne manque pas.

J'entre, j' voyons l'ver un rideau ;
  On crie : en bas l' chapeau !
    Je l' jette
   Sous ma banquette,
Arrivent des homm's et des soldats,
  Qui font de grands ébats ;
Tout ça n' me regarde pas.

    Queu bonheur !
Au bout d' trois quarts d'heure,
J' n'en pouvions plus d' chaleur ;
Voilà qu'on baisse la toile.

J' sors pour me délasser,
J' vois du mond' d'amassé ;
On m' dit qu' c'était Bobèche
  Et puis Galimafré.
De leurs farces, de leurs parades,
Je m' tenais l' ventr' tant que j' riais :
Ne v'là t'y pas qu'un camarade
M'emprunte ma montr' dans mon gousset !

    Dans la foule,
    V'là qu'on s' boule ;
J' cours après, mais, queu malheur !
Ne v'là t'y pas qu' la patrouille
M'arrête pour le voleur !

   J'ons beau m'expliquer,
    Beau crier
  Et beau gesticuler,

On m' mène au corps-de-garde.
J' vous en prie, monsieur l' général,
　　Ou bien le caporal,
　Ne me fait's pas de mal.

Après avoir fait un' faction,
　　Je sors du violon
　Sans demander mon reste.
A Paris, j' dis adieu d' bon cœur ;
　　On n'y voit qu' des malheurs,
　　Du monde et des voleurs.

Là, c'est un s'rin qu'est envolé,
　　Un chien qu'est écrasé ;
　　Plus loin, une batt'rie ;
　　Là, c'est des charlatans,
　　Des bonn's et des enfants,
　　Des voitur's, des marchands ;
　De tous côtés l'on crie !

C'est un train à fendre la tête ;
On n' fait qu' d'être poussé, r'poussé ;
Et si quelque part on s'arrête,
Vot' voisin vous marche sus l' pied.
　　　J' tir' ma crampe
　　　Et j' décampe ;
Car, si j' restions plus longtemps,
　　　Au village,
　　　Je le gage,
Je r'tourn'rais comme un p'tit saint Jean !

　Adieu Paris, adieu beaux jours,
　　L'objet de mes amours,
　　Tout d' bon j' vous abandonne ;
Tout droit j' m'en r'tourne à mon pays ;
　　　Car, pour rester ici,
　　　N, i, ni, c'est fini.

Paris, A. HURÉ, éditeur et seul propriétaire,
rue Dauphine, 44, près le Pont-Neuf.

---

*Tout exemplaire non revêtu du timbre de l'éditeur
　sera poursuivi comme contrefaçon.*

Paris — Typ. Chaumont, 6, rue Saint-Spire.

ELLE EST AU CIEL

MÉLODIE.

Paroles de

ARMAND MANDAR,

Musique de

L. FREDERICH.

La Musique se trouve chez **A. HURÉ**, libraire-éditeur, à Paris, rue Dauphine, n° 44, près le Pont-Neuf
Et chez **Adrien REY**, rue Lafont, 4, à Lyon.

Pourquoi cet air de fête au sein de la nature ?
C'est que le froid hiver a fait place au printemps ;
Dans les prés et les bois j'aperçois la verdure,
Le soleil rend joyeux les vieillards, les enfants.
Moi, seul, j'ai dans le cœur une douleur profonde :
La vierge que j'aimais dort au fond du cercueil.
Sans amour maintenant, que ferai-je en ce monde ?
Ma vie est sans espoir et mon âme est en deuil !

Chantez, petits oiseaux, chantez dans le bocage,
Prodiguez aux amants vos concerts les plus doux ;
Moi, je suis insensible à votre gai langage !
Fleurs, malgré vos parfums, je m'éloigne de vous ! (bis.)

Album du Gai Chanteur. — 3ᵉ vol. 54ᵉ Livraison.

Mon Dieu ! ta volonté parfois est bien cruelle !
Pourquoi m'as-tu privé de celle que j'aimais ?
Tu savais bien pourtant qu'en me séparant d'elle,
Le bonheur loin de moi s'enfuyait à jamais.
Sans doute tu voulus, en la voyant si pure,
Que ton beau paradis eut un ange de plus ;
Mais j'aurais su garder ton humble créature
Digne d'entrer plus tard au séjour des élus.

Chantez, petits oiseaux, chantez dans le bocage,
Prodiguez aux amants vos concerts les plus doux ;
Moi, je suis insensible à votre gai langage !
Fleurs, malgré vos parfums, je m'éloigne de vous. (*bis.*)

Jamais je n'ai reçu les baisers d'une mère,
Car en naissant, hélas ! je devins orphelin !
Sans parents, sans amis, je vivais sur la terre,
Quand un jour je trouvai Lise sur mon chemin.
En voyant cette enfant si belle d'innocence,
Je me pris à l'aimer, j'eus foi dans l'avenir.
Le destin a brisé cette douce espérance :
Lise est morte aujourd'hui, mon Dieu, fais-moi mourir !

Chantez, petits oiseaux, chantez dans le bocage,
Prodiguez aux amants vos concerts les plus doux ;
Moi, je suis insensible à votre gai langage !
Fleurs, malgré vos parfums, je m'éloigne de vous ! (*bis.*)

LA PLAINTE DU NOIR.

Air: *de l'Enfant du bon Dieu.*

Un pauvre noir, un pauvre esclave,
Qu'un maître inhumain et cruel
Frappait sans pitié, sans entrave,
Disait, levant les yeux au ciel :
Dieu de bonté, Dieu de clémence,
Vois nos douleurs, notre souffrance ;
Vois tous nos regards suppliants
Implorant ta grâce éternelle,
Pour que ta bonté paternelle
Daigne attendrir le cœur des blancs !

Dieu tout-puissant, toi qui vois nos misères,
Fais que les noirs soient aimés en tout lieu ;
Tous les humains ne sont-il pas des frères,
Ne sont-ils pas tous enfants du bon Dieu ?

Sur un désir, un mot du maître,
Nos enfants, hélas ! sont vendus ;
Nos pauvres enfants que, peut-être,
Jamais nous ne reverrons plus ;
Car le marchand de chair humaine,
Insensible aux pleurs, les emmène ;
Rien, non, rien, ne peut les toucher.
Que leur importent nos alarmes,
Notre désespoir et nos larmes,
Le noir n'a pas le droit d'aimer.
    Dieu tout-puissant, etc.

Dieu des chrétiens, toi qu'ils adorent,
Toi qui leur enseigna le bien,
Toi que les malheureux implorent,
Toi des opprimés le soutien,
Fais que nos maîtres inflexibles
Deviennent enfin accessibles
A la voix de l'humanité !
Touchés alors de nos misères,
Les blancs exauçant nos prières,
Nous donneront la liberté !
    Dieu tout-puissant, etc.
PRUDENCE.

LA
MARCHANDE DE CHANSONS

CHANSONNETTE.

Paroles de A. LAMY. Musique de A. LAGARD.

La Musique se trouve chez **A. HURÉ**, libraire-éditeur, à Paris, rue Dauphine, n° 44, près le Pont-Neuf.

On peut aussi la chanter sur l'air de *la Fille à Jérôme*.

Venez aux refrains de mes chansons,
Voici la marchande
Que chacun demande,
Accourez époux, filles, garçons,
Voici la marchande de chansons.

Par un choix heureux, jalouse de plaire,
J'ai des chansonnettes pour tous les goûts,
De nos chansonniers, à muse légère,
J'ai les gais flonflons, les joyeux glouglous. —Venez, etc.

J'ai pour la fillette à gentil corsage
Doux couplets d'amour au style brûlant ;
Pour l'ancien soldat, l'honneur du village,
J'ai *le vieux Drapeau*, j'ai *le vieux Sergent*. —Venez, etc.

J'ai pour les bavards bien plus d'une histoire,
Pour les usuriers des couplets aussi ;
J'ai pour les lurons des chansons à boire,
Et pour les maris : *l' sir' de Framboisi*. — Venez, etc.

Avez-vous parfois chagrins d'amourettes,
Ou trois termes pleins échus à payer ?
Vos femmes sont-ell's légères, coquettes ?
Mes joyeux couplets font tout oublier. — Venez, etc.

Nouveaux épousés, quand l'amour vous pousse,
Passez tendrement la lune de miel ;
Mais lorsque chez vous croit la lune rousse,
Mes chants de l'hymen enlèvent le fiel. — Venez, etc.

J'ai plus d'un couplet d'hymne populaire,
Dont les mâles sons par nous prodigués,
Guidant nos drapeaux, fit trembler naguère
Les peuples et rois contre nous ligués. — Venez, etc.

Malgré notre amour, notre deuil immense,
Un auteur chéri descend au cercueil ;
Béranger n'est plus ! mais de notre France
Son nom vénéré restera l'orgueil. — Venez, etc.

Dédié a G. D. DUNAS.

VALSONS, VALSONS.

Si le bonheur existe sur la terre,
Il est à moi, lorsqu'amoureux lien,
Mon bras t'entraîne à la valse légère,
Et que ton cœur palpite auprès du mien :
    Tra la, la la la la la, etc.

Comme la fleur, au sylphe se balance,
Ou comme aux vents frémissent les roseaux,
Penche, amoureuse, à la folle cadence,
Tourbillonnons aux soleils des flambeaux.
    Tra la, la la la la la, etc.

Incline, enfant, ta tête brune et belle ;
Que tes soupirs égarent ma raison ;
Que, de tes yeux, la magique étincelle,
Soit un doux phare à mon triste horizon.
    Tra la, la la la la la, etc.

Valser, valser, est le bonheur suprême !
Laisse au hasard flotter tes longs cheveux ;
Ta main frémit, ton regard dit : je t'aime !
Valser, valser, est le bonheur des dieux.
    Tra la, la la la la la, etc.

Mais, ô douleur ! l'archet, hélas ! arrête ;
De ces accords en flots harmonieux,
La valse meurt ! mais de loin, en cachette,
Valsons encor et de l'âme et des yeux.
    Tra la, la la la la la, etc,

BAPTISTIN ARNAUD.

ESPÉRANCE

ROMANCE.

Paroles de A. LAMY, *Musique de* A. LAGARD.

La Musique se trouve chez A. HURÉ, libraire-éditeur, à Paris, rue Dauphine, n° 44, près le Pont-Neuf.

Entends ! la France est menacée,
Je pars pour de lointains climats,
Ne pleure pas, ma fiancée,
Car la gloire m'attend là-bas.
Ne me retiens pas davantage,
Lorsque l'honneur m'appelle au loin ;
Tes pleurs m'ôteraient le courage ;
Pour te quitter, j'en ai besoin.
  Et pendant mon absence,
  Les brises du lointain
  Te diront au matin   (*bis.*)
  Ce doux mot : Espérance !
    Espérance !

De ton cœur chasse les alarmes
Qui font croire à de mauvais jours.
Soldat, lorsque je prends les armes,
Ne tremble pas pour nos amours.
Je reviendrai, va, prends courage,
Sèche tes pleurs, donne ta main,
Et ce sera fête au village
Pour mon retour, pour notre hymen.
  Et pendant mon absence, etc.

Six mois après, bonne nouvelle,
L'ennemi tombe terrassé.
Lise sourit, ah ! qu'elle est belle,
Elle va voir son fiancé.
Oui, les voici, ses frères d'armes ;
Mais lui ! mais lui ! tout mon bonheur...
Un vieux soldat, les yeux en larmes,
Lui dit : Là-bas, mort pour l'honneur.
  Et, cruelle souffrance,
  On vit la pauvre enfant
  Expirer en disant :   (*bis.*)
  Il m'attend, Espérance !
    Espérance !

LA GLOIRE
ET
LA FORTUNE
OU LE RÊVE D'UN PAUVRE DIABLE.

CHANSON.

Paroles de PAUL DE KOCK.

AIR: *La Boulangère.*

Une nuit, le diable m'offrit
La gloire et la fortune,
Me disant : Le sort te sourit,
Choisis, mais n'en prends qu'une.
La gloire était fort de mon goût,
   Mais j'aimais la fortune
      Beaucoup,
  Oui, j'aimais la fortune.

Je dis au diable : Éclaire-moi !
La gloire est moins commune ;
Mais je voudrais, de bonne foi,
Un bonheur sans lacune.
Le diable alors me dit tout haut :
   Choisis donc la fortune,
     Nigaud,
  Choisis donc la fortune.

Mais je voudrais être cité
De Rome à Pampelune,
Par tous nos poètes chanté
Et plutôt deux fois qu'une.
Le diable alors me répondit :
   On trouve à la fortune
      L'esprit,
  Choisis donc la fortune.

Je dis au diable : J'aime encor,
Et la blonde et la brune ;
La gloire vaut-elle bien l'or
Pour séduire chacune !
Non, me répondit le démon,
   Prend plutôt la fortune,
      Fripon,
  Prends plutôt la fortune.

Mais, repris-je, j'avais pour but
La scène ou la tribune ;
Puis, j'arrivais à l'Institut
Sans clameur importune.
Eh bien ! répondit Lucifer,
   Prends toujours la fortune;
      Mon cher,
  Prends toujours la fortune.

En m'écriant : Je te choisis,
Séduisante fortune,
Je m'éveillai ; mais je ne vis
Qu'un fort beau clair de lune,
Et j'attendrais longtemps, je croi,
   La gloire et la fortune
      Chez moi,
  La gloire et la fortune.

DIS-MOI TON NOM SI DOUX

ROMANCE.

Paroles de S. PETIT. Musique de É. PETIT.

La Musique se trouve chez **A. HURÉ**, libraire-éditeur, à Paris, rue Dauphine, n° 44, près le Pont-Neuf.

Chère enfant, lorsqu'à ta fenêtre,
Tu me souris avec douceur,
Ton nom, je voudrais le connaître,
Pour le mêler à mon bonheur.
Si tu savais combien je t'aime !...
L'amour même en serait jaloux.
Réponds à mon désir suprême :
Enfant, dis-moi ton nom si doux !

Dans mes rêves, quand je sommeille,
Je baise ton front radieux,
Je presse ta taille d'abeille,
Et je me mire dans tes yeux...
Mais ce que je cherche, ma belle,
Je te le demande à genoux,
Pour qu'en mes songes je t'appelle :
Enfant, dis-moi ton nom si doux !

Quand, rêveur, on cause en soi-même,
Quand on interroge une fleur,
Le nom de celle que l'on aime
Sonne si bien à votre cœur !
Pour rappeler à mon ivresse
L'instant d'un premier rendez-vous...
Ah ! pour le répéter sans cesse,
Enfant, dis-moi ton nom si doux !

LE RETOUR DE NIGAUDIN

DANS SA FAMILLE.

La Musique se trouve chez **A. HURÉ**, libraire-éditeur, à Paris,
rue Dauphine, n° 44, près le Pont-Neuf.

De Paris quittant le canton,
   A ch'val sur mon ânon,
J' pars pour l' villag' d'Asnières ;
Plus j' voulais qu'il aille en avant,
   Il allait en r'culant,
   Et se couchait par terre.
De rage, à grands coups d'échalas,
   Frappant à tour de bras,
   J' lui caressais les côt's ;
V'là qu'un mauvais plaisant,
   Disait en me voyant :
Oui, c'est bien là, vraiment,
   Deux bêt's l'un' portant l'autre.
D'un nouveau malheur je me damne :
   Au cabaret étant entré,
J'avais mal attaché mon âne,
V'là qu'il prend la fuit' dans les prés,
V'là que j' cours, que j' parcours,
En d'mandant mon bourriquet ;
   J' vous en prie,
   J' vous supplie,
Si vous l'avez, rendez-le.
De loin, voyant mon p'tit ânon,
   J' crie : Arrête, Manon !
A grands pas v'là qu' j'arpente ;
Mais, jarni ! ben mal à propos.
J' choppe auprès d'un hameau,
V'là que j' tombe à plat ventre...
   Queu train !
   V'là le marchand de vin,
   Armé d'un gros gourdin,
   Et d'une manièr' frappante,

M' disant : Petit tondu,
Tu me dois un écu,
Tu vas m' payer mon dû.,.
La scène était touchante.
Dans mon désespoir, je m'écrie :
C'est l' maudit âne qu'est cause de ça.
Oui, c'est en courant après lui,
Qu' j'ai oublié d' vous payer ça.
  Plus d' bonne mine
  Plus d' cuisine,
Plus de montre, plus d'ânon ;
  Je suis bien
 Petit enfant prodigue
 Retournant à la maison.
  Pourtant
V'là qu' j'aperçois l' clocher,
Ben las, ben efflanqué,
Au villag' v'là qu' j'arrive,
C'était bien le cas de dire vraiment :
 J'étais en arrivant
 Comme le Juif-Errant ;
V'là Martin, Blaisot, Nicolas,
 Et puis le grand Colas,
 Qui volent sur mes traces :
 C'ment, c'est toi, Nigaudin !
 Oui, c'est ben moi, Catin,
Embrasse-moi donc un brin.
V'là qu'all' m' saute sur la face,
V'là qu' ma tante, mon père,
 Et ma mère
 S'écriant :
L' v'là donc c' pauvre enfant !
Dis'nt avec des larmes amères,
Nigaudin viens donc sur mon flanc.

 L'un m'embrasse,
 L'autre m'arrache,
Et dans un jour aussi beau,
 Père et mère,
 Oncle et frère,
Tout l' monde pleurait comme des veaux.
 Entré dans not' maison,
 V'là t'y pas tout l' canton

Cheu nous arrive en foule,
D'mandant à cor et à cris
Que j' l'eux fasse un récit
Sur la ville de Paris.
 « Vraiment,
C'est un pays charmant ;
Mais faut beaucoup d'argent
Dans ce riant asile.
Mais c' qui déplait tout d' bon,
J' vais vous l' dire sans façon :
La hauteur des maisons
Empêche de voir la ville,
Champs-Elysées, quais et Tuileries,
 Palais-Royal et boulevards,
 Où des demoiselles jolies
S'y promènent de toutes parts.
 Grande roulade,
 Grande parade,
 Escamoteurs, aboyeurs,
 Grands spectacles,
 Charrettes, fiacres,
 Et demoiselles
Qui vendent leur honneur. »
Après un aussi beau récit,
V'là tout l' monde ébahi
De joie et de surprise;
Monsieur l' curé, l' maire et l' bailli
 Restent tout interdits
 Sur l' grand tableau d' Paris.

MAISON SPÉCIALE

A. HURÉ.

LIBRAIRE-ÉDITEUR,

RUE DAUPHINE, 44, PRÈS LE PONT-NEUF.

On trouve dans cette Maison tout ce qui existe de Musique, Chant et Airs d'Opéra, publiés en petit format, à 20, 25, 40, 50 et 60 centimes, ainsi que le Catalogue de ces diverses publications. (ECRIRE FRANCO.)

Paris. — Typographie CHAUMONT, 6, rue Saint-Spire.

LA RENCONTRE

CHANSONNETTE

Paroles de

PAUL DE KOCK

Musique de

Charles POURNY.

La Musique se trouve chez **A. HURÉ**, libraire-éditeur, à Paris, rue Dauphine, n° 44, près le Pont-Neuf.

C'est toi, Laure, que je revois !
Combien la rencontre m'enchante !
Voilà bientôt dix mois, méchante,
Que nous avons rompu, je crois.
Vraiment, je te trouve embellie,
Et mieux qu'au temps de nos amours ;
Non, tu n'étais pas si jolie,
Quand je te voyais tous les jours.

Tu cours à quelque rendez-vous ;
Ah ! tu dois tourner bien des têtes !
Allons, conte-moi tes conquêtes,
Et montre-moi tes billets doux.
De mes amours je veux t'instruire ;
Désormais soyons sans détours...
J'en avais moins long à te dire
Quand je te voyais tous les jours.

Album du Gai Chanteur. — 3ᵉ vol. 55ᵉ Livraison.

Entrons chez ce restaurateur,
Tu ne peux refuser, j'espère ;
Ce dîner impromptu, ma chère,
Aujourd'hui me semble meilleur ;
Pour que ton amant te pardonne,
Tu trouveras quelque discours ;
Tu me trompais aussi, friponne,
Quand je te voyais tous les jours.

C'est bien ta bouche que voilà,
Et ton sourire plein de grâce !
Mais, Laure, il faut que je t'embrasse,
Pour mieux me rappeler cela ;
Dans mes bras il faut que je presse
Cette taille, ces doux contours...
Ah ! j'éprouvais bien moins d'ivresse
Quand je te voyais tous les jours.

Quoi ! huit heures sonnent, déjà !...
Comme le temps a passé vite !
Pourtant il faut que je te quitte,
Le hasard nous réunira.
Sans nous gêner, ma chère Laure,
De nos plaisirs suivons le cours ;
Surtout, pour nous aimer encore,
Ne nous voyons pas tous les jours.

L'AUTOMNE

CHANSON.

Par Henri TURENNE.

Air : *Plus on est de fous, plus on rit.*

Le raisin annonce l'automne,
Car il a mûri sous nos yeux ;
Avec lui nous voyons Pomone
Et ses trésors délicieux.
Oh ! qu'elle est belle sa corbeille,
Pleine des fruits que nous aimons !
Par eux l'appétit se réveille :
Mes amis, trinquons et buvons.   (*ter.*)

De Bacchus chantons les louanges ;
Il nous combla de ses faveurs.
Voici l'heureux jour des vendanges.
Oh ! qu'elle est douce sa liqueur !
Près de fillette aimable et jolie,
Et du raisin que nous coupons,
Amour au plaisir nous convie :
Mes amis, trinquons et buvons.   (*ter.*)

De bon vin notre cuve est pleine ;
A flots il coule du pressoir.
Et d'avance comme Sylène,
Je m'enivre d'un doux espoir.
Pour célébrer tant de merveilles,
Gais vendangeurs, joyeux lurons,
Du cellier sortez vingt bouteilles :
Mes amis, trinquons et buvons.   (*ter.*)

Tendres perdreaux, fine bécasse,
Se trouvent mêlés dans nos plats.
La pêche se joint à la chasse,
Pour varier notre repas.
Savourons la grappe vermeille.
Sur la pêche que nous goûtons,
Répandons le jus de la treille :
Mes amis, trinquons et buvons.   (*ter.*)

LE LIS.

Air : *Les Vendanges* (de Béranger).

Le lis ne refleurira pas,
    Sa tige est morte,
   Bien que l'on fasse en sorte,
  Par des pamphlets ultramontains,
D'ensemencer sur de nouveaux terrains.
   Le feu sacré qui les transporte,
N'offre à nos cœurs que d'odieux appâts.
Non, non, le lis ne refleurira pas.   (bis.)

Le lis ne refleurira pas ;
    Dans sa corolle
   Vous voyez le Pactole
  Couler pour vous dont le métier
Consiste à vivre avec le *Denier*.
   Nous, nous savons que ce symbole
Traîne avec lui la honte et les Judas.
Non, non, le lis ne refleurira pas.   (bis.)

Le lis ne refleurira pas ;
    Son blanc calice
   Nous révèle un complice
  De votre légitimité,
Qui nous cachait la saine vérité.
   La voix du peuple est la Justice,
Quand la raison préside à ses ébats.
Non, non, le lis ne refleurira pas.   (bis.)

Le lis ne refleurira pas,
  Et son pétale
   Sous vos habits s'étale.
  Votre visage est un miroir
Qui, malgré vous, le fait apercevoir.
  Nous craignons peu votre cabale,
Vos *Escobar* et tous leurs embarras.
Non, non, le lis ne refleurira pas.   (*bis.*)

Le lis ne refleurira pas,
  Car votre emblème
   Est un vieux stratagème,
  Pour effacer de nos drapeaux
Les noms gravés sur ces nobles lambeaux.
  Vous serviriez-vous du saint Chrême,
Solferino ne disparaîtrait pas !
Portez ailleurs vos abus et vos pas,
Non, non, le lis ne refleurira pas !

J. MARIE.

LE CHEVALIER ERRANT

CHANSON.

Par PAUL DE KOCK.

Dans un vieux château de l'Andalousie,
Au temps où l'amour se montrait constant,
Où beauté, valeur et galanterie,
Guidaient au combat un fidèle amant,
Un preux chevalier un soir se présente,
Visière levée et la lance en main;
Il vient demander si sa jeune amante
N'est pas, par hasard, chez le châtelain.

Noble chevalier, quelle est votre amie?
Demande à son tour le vieux châtelain.
Ah! des fleurs d'amour c'est la plus jolie!
Elle a teint de rose et peau de satin;
Elle a de beaux yeux, dont le doux langage
Porte en notre cœur plaisirs et tourments!
Elle a tout enfin : elle est belle et sage!
Pauvre chevalier, chercherez longtemps.

Depuis qu'ai perdu cette noble dame,
N'ai plus de repos, n'ai plus de plaisirs!
En chaque pays, guidé par ma flamme,
Vais cherchant l'objet de tous mes désirs.
Des Gaules j'ai vu les plaines fleuries,
Du Nord parcouru le climat lointain!
J'ai trouvé partout des femmes jolies;
Mais fidèle amie, hélas! cherche en vain.

Guidez de mes pas la marche incertaine,
Verrai-je en tous lieux mes désirs déçus?
Mon fils, votre sort, hélas! me fait peine,
Ce que vous cherchez ne se trouve plus.
Poursuivez pourtant votre long voyage,
Et, si rencontrez un pareil trésor,
Ne le perdez plus. Adieu, bon courage.
L'amant repartit; mais il cherche encor.

LA MÈRE CHOPINE

CHANSON

Paroles et Musique de

Charles COLMANCE.

La Musique se trouve chez **A. HURÉ**, libraire-éditeur, à Paris, rue Dauphine, n° 44, près le Pont-Neuf.

Il est un nom sur terre,
Un nom que je chéris,
Un nom que je préfère
Aux noms les plus jolis ;
Un nom qui me rappelle
Bonne humeur, enjouement,
Dont je rêve en dormant,
Qu'en m'éveillant j'appelle :
  Bonne mère Chopine,
  Ma fidèle voisine,
    Crois-moi,
    C'est toi
  Dont le nom m'acoquine,
    C'est toi,
  Bonne mère Chopine !

Sans rougir, quand tu montes
Dans les bras des garçons,
Tu me contes des contes,
Tu m'apprends des chansons ;
Que de propos risibles,
De bons mots inconnus,
De discours biscornus,
De phrases impossibles !
  Bonne mère Chopine, etc.

En juin comme en octobre,
Malgré mon appétit,
Près de toi je suis sobre,
Et bien peu me suffit.

Ma part, petite ou grosse,
J'en use sans façons ;
Moi, toujours du poisson
J'ai préféré la sauce.
    Bonne mère Chopine, etc.

Tu caches, sous l'enflure
De ton brun caraco,
Une force, une allure,
A dompter un turco ;
Sur ton cou de corneille,
J'entrevois des rubis ;
Ton petit chapeau gris
Penche sur ton oreille.
    Bonne mère Chopine, etc.

A table, et face à face,
Quand nous flânons tous deux,
Ton corsage est la glace
Où je mire mes yeux.
D'un minois de satyre
Tu charges mon portrait ;
Plus je me trouve laid,
Plus je pouffe de rire !
    Bonne mère Chopine, etc.

La bonne compagnie
Proscrit ton vieux renom,
Elle a, pauvre chérie,
Changé jusqu'à ton nom.
On blâme ton mérite
Chez les gens comme il faut ;
Pour moi, ton seul défaut ;
C'est d'être trop petite.
    Bonne mère Chopine,
    Ma fidèle voisine,
       Crois-moi,
       C'est toi
    Dont le nom m'acoquine,
       C'est toi,
    Bonne mère Chopine !

DIALOGUE
DU VIN ET DE L'EAU

Chanson bachique de PRADEL.

La Musique se trouve chez **A. HURÉ**, libraire-éditeur, à Paris, rue Dauphine, n° 44, près le Pont-Neuf.

LE VIN.

Hélas! que tu es folle,
Disait le vin à l'eau :
Toujours tu cours, tu voles
Tout le long d'un ruisseau ;
De même qu'une errante,
Toujours tu suis la pente :
Du moins imite-moi ;
Car l'homme, sans mélanges,
Me donne des louanges
Mille fois plus qu'à toi.

L'EAU.

Mais l'eau, avec sagesse,
Sitôt répond au vin :
Tu parles avec hardiesse,
Dis-moi, petit mutin ;
Apprends que je suis belle,
Ancienne et nouvelle,
Je fais la propreté ;
Toi, tu terrasses l'homme
Pire que le jus de pomme,
Et le rends hébêté.

LE VIN.

Je terrasse et j'entête
Les hommes imprudents
Qui veulent tenir tête
A moi qui suis puissant ;
Tu n'es qu'une cruelle,
Quoique tu parais belle,
Même aux yeux de plusieurs :
S'ils vont à grande haleine
Pour boire à la fontaine,
Tu affaiblis les cœurs.

L'EAU.
J'arrose les campagnes,
Les plaines, les jardins,
Les collines, les montagnes,
Fais moudre les moulins ;
Je réjouis le monde,
Le juste, aussi l'immonde.
Par mes attraits charmants ;
Toi, toujours variable,
Tu es insupportable,
Sujet au changement.

LE VIN.
Au royaume d'Espagne
Je suis en grand renom ;
En Bourgogne, en Champagne,
L'on révère mon nom ;
En Bohême, en Italie,
En Savoie, en Hongrie,
A la table des grands,
Je fais tout leur délice :
En me trouvant propice
Ils se trouvent contents.

L'EAU.
Moi, je rends la sagesse :
Peut-on rien de plus beau ?
Je sers pour le commerce,
Portant de gros vaisseaux.
Toi, tu n'es pas de même,
Jouant ton stratagème,
Tu mets l'homme aux abois ;
Tous les jours, sans relâches,
Je relave les taches
Qui sont faites par toi.

LE VIN.
L'on voit, avec tristesse,
Tes inondations ;
Tu donnes la détresse
Souvent aux vignerons :
C'est contre la justice,
Tu portes préjudice
A tous mes compagnons,
Et, pire qu'une armée,
Dedans plusieurs contrées,
Tu les détruis à fond.

L'EAU.
L'homme, avec grande instance,
Offre pour moi des vœux,
Demandant ma présence
Au monarque des cieux.
Je suis supérieure,
Et non inférieure,
Par mon flux et reflux ;
Bien loin de me confondre,
Tu pourrais te morfondre,
Ainsi ne parle plus.

LE VIN.
Noé planta la vigne
Qui porte le raisin ;
Cette invention digne
A fait croître le vin.
Servant au sacrifice,
Je suis le plus propice,
Avec distinction,
Dans le grand mystère,
Premier l'on me révère
Dans cette occasion.

L'EAU.
Avant même le monde
L'Eternel me créa ;
Ma demeure profonde
Par lui-même il forma.
Noé, que tu renomme,
Par toi fit un long somme ;
Absurde et imprudent,
Un de ses fils s'en moque,
Lorsque tu le provoque
De montrer son néant.

LE VIN.
Souviens-toi que la noce
Qui fut faite à Cana,
Fut fait comme un divorce,
Lorsque le vin manqua ;
Alors la compagnie
A la table s'ennuie,
Voyant manquer le vin :
Celui qui fut sans tache
Te changea, sans relâche,
Par son pouvoir divin.

L'EAU.

Oui, d'abord les convives,
Qui étaient là présents,
Ont vu ce qui arrive
De son bras tout puissant.
Par ce miracle, pense
Que j'étais en présence
De ce nouvel effet ;
J'étais donc la première
Dans les urnes entières
Quand par moi tu fus fait.

LE VIN.

Tu rends les cœurs de glace ;
Moi, je rends amoureux ;
Un homme qui trépasse
Par moi r'ouvre les yeux ;
Et toi, que rien ne touche,
Qu'il te mette en sa bouche,
Trouve-t-il mon odeur ?
Ta fadeur fait qu'il cède ;
Adieu donc ton remède,
Ton infâme liqueur.

L'EAU.

Par toi, Loth à ses filles
Devint incestueux ;
Dans nombre de familles
Tu fais des malheureux.
Malgré ta bonne mine,
Tu causes leur ruine,
En démon familier ;
Faisant tout par outrance,
Toute ta jouissance
Ne tend qu'à désoler.

Paris, A. HURÉ, éditeur et seul propriétaire,
rue Dauphine, n° 44, près le Pont-Neuf.

---

*Tout exemplaire non revêtu du timbre de l'éditeur
sera poursuivi comme contrefaçon.*

Paris. — Typ. Chaumont, 6, rue Saint-Spire.

SUR
UN TONNEAU

CHANSON BACHIQUE.

La Musique se trouve chez **A. HURÉ**, libraire-éditeur, à Paris, rue Dauphine, n° 44, près le Pont-Neuf.

Auteurs qui célébrez la gloire
Du dieu qui nous donna le vin,
Pour le chanter, savez-vous boire
Comme moi ce jus si divin ?
Anacréon, ce joyeux frère,
Lorsqu'il écrivait contre l'eau,
Composait, en vidant son verre, } bis.
Sur un tonneau, sur un tonneau.

Des sages de Grèce et de Rome,
Selon moi le plus accompli
Fut celui qui cherchait un homme,
Lanterne en main, en plein midi :
Il détestait la flatterie,
Des grandeurs fuyait le fardeau,
Et prêchait la philosophie } bis.
Sur un tonneau, sur un tonneau.

Album du Gai chanteur. 3e vol. 56e Livraison.

Grand roi, ton pouvoir, ta couronne
Ne me tentent pas, sur ma foi,
Lorsque je suis sur une tonne,
Je me crois aussi grand que toi.
Où tu t'endors, l'intrigue veille,
La crainte ferme ton rideau;
Et moi, sans soucis, je sommeille }
Sur un tonneau, sur un tonneau. } *bis.*

Guerriers, pour prix de vos victoires,
Au foyer rentrez conquérant,
Couverts des lauriers de la gloire,
Traînés sur un char triomphant.
Jadis, joyeux enfants du Pinde,
Bacchus en eut un bien plus beau,
Puisqu'il rentra, vainqueur de l'Inde, }
Sur un tonneau, sur un tonneau. } *bis.*

Je veux, à mon heure dernière,
Sans regrets faire mes adieux,
Que la main d'un ami sincère
En cet instant ferme mes yeux;
Je ne veux point d'apothéose,
Je veux encor moins de tombeau,
Mais qu'on puisse dire : Il repose }
Sur un tonneau, sur un tonneau. } *bis.*

LE RÊVE D'UN SOLDAT.

Air: *d'Une Fleur pour réponse.*

Après avoir affronté la mitraille,
Un cavalier, couvert de son manteau,
S'était couché sur le champ de bataille,
Et dans un rêve il voyait son hameau:

« Oh ! ma France chérie ! »
Murmurait-il tout bas,
« Après tant de combats, l'âme toute ravie,
« Je te revois, noble patrie,
« Que je pleurais là-bas !

« Voici déjà mon vieux père et ma mère,
« Voici ma sœur au cœur bon, au front pur ;
« Voici venir mes amis et mon frère,
« Et puis, bonheur ! Lisette aux yeux d'azur.

« Image de la guerre,
« Disparais pour toujours,
« Au lieu des ennemis, ici je trouve un frère,
« Une sœur, un père, une mère,
« Et l'ange des amours !

« Ah ! qu'on est bien au sein de sa famille !
« On peut aimer, on aime de tout cœur ;
« Dans le combat où, sanglant, le fer brille,
« C'est de l'ivresse ; ici, c'est du bonheur !
« Image de la guerre, etc.

« Avec entrain, je reprends la charrue ;
« Lise, bientôt le ciel nous unira ;
« Et puis, le soir, sous la verte avenue,
« En notre honneur, gaîment on dansera.
« Image de la guerre, etc.

Mais le canon, de sa voix formidable,
Vient de gronder sous le vaste horizon ;
Jeune soldat, sors d'un rêve adorable,
Vole combattre où gronde le canon !

Dans ton pauvre village,
Reviendras-tu jamais !
Reverras-tu, soldat, tes amours du jeune âge ;
Après la guerre et le carnage,
Reverras-tu la paix ?...

Léon QUENTIN.

LA CRÉATION

Air : de *Roger Bontemps*.

Qu'on est heureux sur terre,
Mon Dieu ! qu'on est heureux !
C'est la peste ou la guerre ;
Parfois toutes les deux.
C'est la flamme qui gronde,
C'est la faim sans pardon :
Quand Dieu créa le monde,
A quoi pensait-il donc ?

Dieu sur sa propre image
Fait le premier mortel ;
Il sera bon et sage,
Charmant, spirituel.
De nos jours on le nomme
Pierre, Jacques ou Simon :
Lorsque Dieu créa l'homme,
A quoi pensait-il donc ?

Un jour Dieu se réveille
D'une charmante humeur,
Il crée une merveille,
Un ange de douceur.
Le père Adam s'enflamme
A l'aspect du tendron...
Quand Dieu créa la femme,
A quoi pensait-il donc ?

Pour nous rendre service,
Dieu fait l'arbre divin,
L' pèr' Noé, sans malice,
Avec le premier vin,
D'une manière indigne
Se pocharda, dit-on...
Quand Dieu créa la vigne,
A quoi pensait-il donc?

Il fut certaine époque
Où du diable on eut peur;
Maintenant l'on s'en moque,
On le traite en farceur.
Bah! l'on n'est plus coupable,
Tout est péché mignon...
Quand Dieu créa le diable,
A quoi pensait-il donc?

Il est des gens sur terre,
Qui se font un métier,
Pour la plus simple affaire,
De gâcher du papier,
Tous, de plus en plus bêtes,
Sans rime ni raison :
Quand Dieu fit les poètes,
A quoi pensait-il donc?

LÉON QUENTIN.

L'ARABE ET SON COURSIER

ROMANCE.

Par PAUL DE KOCK.

La Musique se trouve chez A. HURÉ, libraire-éditeur, à Paris, rue Dauphine, n° 44, près le Pont-Neuf.

Sous le ciel brûlant d'Arabie,
Loin du rivage de la mer,
Enlevant maîtresse chérie,
Olcar fuyait dans le désert.
Son coursier, à sa voix fidèle,
Pressé par lui, double le pas ;
Pour son maître, ardent, plein de zèle,
Vingt fois il brava le trépas.

Mais, sans eau, dans la plaine aride,
Bientôt il leur faudra mourir,
Et la jeune amante à son guide
Se plaint déjà de trop souffrir.
Olcar, pour adoucir sa peine,
La laisse auprès de son coursier,
Et vole éperdu, dans la plaine,
Chercher quelque arbre nourricier.

Tandis qu'en la plaine brûlante
L'Arabe court tout affronter,
Une caravane brillante
Passe aux lieux qu'il vient de quitter.
La belle, sans trop se défendre,
Suit les pas d'un Mahométant,
Le coursier reste et veut attendre
Le pauvre Olcar qu'il aime tant.

Olcar, pour trouver une source,
En vains efforts se consumait ;
Mais, las ! au retour de sa course,
Ne voit plus celle qu'il aimait ;
Le coursier seul attend son maître,
Et, faisant un dernier effort,
Hennit dès qu'il le voit paraître ;
Puis à ses côtés tombe mort.

LA TOUR DE BABEL

CHANSON.

Par CHARLES COLMANCE.

La Musique se trouve chez **A. HURÉ**, libraire-éditeur, à Paris, rue Dauphine, n° 44, près le Pont-Neuf.

---

ou AIR : *Quel dommage, Martin.*

Rois de la finance,
Caïn père et fils,
Veulent qu'on commence,
Tout près de Memphis,
Une tour immense
Faite de gravois,
   De bois
  Et d'albâtre.
Celui qui louera
   Paiera ;
Gâchez-nous du plâtre.

Sitôt on appelle
Maçons et toiseurs,
Garçons de truelle,
Bref, tous les gâcheurs.
Honnête séquelle,
Peuple intelligent,
   D'argent
  Idolâtre.
Celui qui louera
   Paiera ;
Gâchez-nous du plâtre.

D'Arabie heureuse
Arrivent grand train,
L'Enfant de la Creuse,
L'épais Limousin;
En blouse, en vareuse,
Le petit, le grand,
 Le blanc,
 Le mulâtre.
Celui qui louera
 Paiera;
Gâchez-nous du plâtre.

Rayez, dit le maître,
Les vieux bâtiments;
Faites disparaître
Ces nids d'indigents.
Et par la fenêtre
Jetez la maison,
 Si l'on
 S'opiniâtre.
Celui qui louera
 Paiera;
Gâchez-nous du plâtre.

Faites-nous des salles
A loger un duc;
Employez pour dalles
Le marbre et le stuc,
Rampes en spirales,
Fastueux comptoir,
 Ou noir
 Ou grisâtre.
Celui qui louera
 Paiera;
Gâchez-nous du plâtre.

Prodiguez l'or vierge
Sur chaque panneau;
Ayez un concierge
Avec piano,
Pour qu'il se goberge

Sur un canapé,
  Campé
    Près de l'âtre.
Celui qui louera
  Paiera ;
Gâchez-nous du plâtre.

Ne soyez honnête
Qu'avec les écus ;
Surtout point de bêtes,
Pas d'enfants non plus.
Fi ! des trouble-fêtes !
Le chat est friand,
  L'enfant
    Est folâtre.
Celui qui louera
  Paiera ;
Gâchez-nous du plâtre.

Besogne finie,
Pour payer l'écot,
Pas une roupie,
Pas un monaco.
Assvérhus s'écrie :
Donnons à ceux-ci
  Clichi
    Pour théâtre.
Celui qui louera
  Paiera ;
Gâchez-nous du plâtre.

Le peuple nomade
Contemple la Tour,
Et par rigolade
Va flâner autour.
Mais le camarade,
Dès qu'il se souvient,
  Devient
    Acariâtre.
Celui qui louera
  Paiera ;
Gâchez-nous du plâtre.

L'HIVER

Air : *Le Mineur.*

Phœbus est sans chaleur, les arbres sans verdure,
Et les froids aquilons ont fait mourir les fleurs.
L'oiseau ne chante plus, et la triste nature,
Par de riants tableaux ne charme plus nos cœurs.
Déjà loin de nos champs s'en vont les hirondelles :
Ariste à ce signal a semé le froment.
L'homme, qui ne peut fuir et s'envoler comme elles,
Se réjouit encor près du foyer brûlant.   (*bis.*)

Le vent souffle du Nord, la glace est épaissie,
Et la neige qui tombe a recouvert nos toits.
Par ses nombreux flocons notre terre est blanchie ;
L'hiver va nous livrer les habitants des bois.
De hardis patineurs vont glisser sur la glace ;
Leur chute fait la joie des nombreux spectateurs.
Le cerf est aux abois, les chiens suivent sa trace ;
Le froid à le poursuivre excite les chasseurs.   (*bis.*)

Mais l'hiver rigoureux apporte la souffrance
Aux pauvres travailleurs mal vêtus et sans pain.
Riches, vous qui vivez au sein de l'abondance,
De vos frères calmez la douleur et la faim.
Voyez ces beaux enfants que le ciel a fait naître,
Plus tard leurs bras nerveux deviendront votre appui.
Allez dans la mansarde et sous le toit champêtre
Leur porter des secours, ils souffrent aujourd'hui. (*bis.*)

Dans l'ombre de la nuit où vont ces équipages ?
Au bal où va briller tout le luxe des cours.
L'empreinte du plaisir se voit sur les visages ;
Le diamant s'unit aux plus riches atours.
Tout s'anime aux accords d'une douce harmonie.
On s'enivre d'amour et du parfum des fleurs.....
Mais la quête que fait cette dame jolie
Des malheureux demain ira sécher les pleurs.   (*bis.*)

Henri TURENNE.

L'ÉLOGE DE L'EAU

Par Armand GOUFFÉ.

La Musique se trouve chez **A. HURÉ**, libraire-éditeur, à Paris, rue Dauphine, n° 44, près le Pont-Neuf.

Il pleut, il pleut enfin,
Et la vigne altérée
Va se voir restaurée
Par ce bienfait divin.
De l'eau chantons la gloire :
On la méprise en vain ;
C'est l'eau qui nous fait boire } *bis.*
Du vin, du vin, du vin !

C'est par l'eau, j'en conviens,
Que Dieu fit le déluge,
Mais ce souverain juge
Mit les maux près des biens ;
Du déluge, l'histoire
Fait naître le raisin :
C'est l'eau qui nous fait boire } *bis.*
Du vin, du vin, du vin !

Du bonheur, je jouis
Quand la rivière apporte,
Presque devant ma porte,
Des vins de tous pays :
Ma cave et mon armoire,
Dans l'instant tout est plein !
C'est l'eau qui me fait boire } *bis.*
Du vin, du vin, du vin !

Par un temps sec et beau,
Le meunier du village
Se morfond sans ouvrage,
Et ne boit que de l'eau ;
Il rentre dans sa gloire
Quand l'eau vient au moulin,
C'est l'eau qui lui fait boire } bis.
Du vin, du vin, du vin !

S'il faut un trait nouveau,
Mes amis, je le guette ;
Voyez à la guinguette
Entrer mon porteur d'eau.
Il y perd la mémoire
Des travaux du matin...
C'est l'eau qui lui fait boire } bis.
Du vin, du vin, du vin !

Mais à vous chanter l'eau,
Je sens que je m'altère ;
Passez-moi vite un verre
Plein de jus du tonneau ;
Si tout mon auditoire
Répète mon refrain :
C'est l'eau qui nous fait boire } bis.
Du vin, du vin, du vin !

Paris, A. HURÉ, éditeur et seul propriétaire,
rue Dauphine, 44, près le Pont-Neuf.

Tout exemplaire non revêtu du timbre de l'éditeur sera poursuivi comme contrefaçon.

Paris. Typ. Béaulé, rue Jacq. de Brosse, 10

ON EST BIEN FORCÉ D'ÊTRE HONNÊTE

CHANSONNETTE.

Paroles de Mme Élisa **FLEURY**,

Musique de A. **BOULANGER**.

La Musique se trouve chez **A. HURÉ**, libraire-éditeur, à Paris, rue Dauphine, n° 44, près le Pont-Neuf.

Quand j'suis tout seul dans ma cellule,
J'fais plus d'un' drôl' de réflexion,
Sur la contrainte et l'ridicule
Qu'impos' la civilisation.
D'un' grand' phras' qu'exig' l'étiquette,
Selon moi, v'là l'équivalent :
On est bien forcé d'être honnête,   } bis.
Quand on n'peut pas faire autrement. }

J'ai pour voisin's Flore et Juliette ;
L'un' qu'est laid' comme un créancier,
R'proch' toujours à cell' qu'est jolie,
D'fair' jaser d'ell' dans not' quartier :
Voyez sur moi si l'on caquette ?
— Tiens, dit l'autr', c'est pas étonnant ;
On est bien forcé d'être honnête,   } bis.
Quand on n'peut pas faire autrement. }

Album du Gai Chanteur. — 3ᵉ vol. 57ᵉ Livraison.

Lundi dernier, j' dinais en ville ;
V'là qu'au dessert l'Amphitrion
M'annonc' qu'il a fait un vaud'ville,
Et m' forc' d'entendr' sa production.
A la fin, pourtant, il s'arrête.
Que faire? Il quête un compliment.
On est bien forcé d'être honnête, } bis.
Quand on n' peut pas faire autrement. }

L'autr' jour, j' m'en allais faire un' course,
Et comm' j'ai l'esprit fort distrait,
En courant j' laiss' tomber ma bourse,
Qu'un passant fourr' dans son gousset.
Mais, comm' j'avais tourné la tête,
Il m' la rendit généreus'ment.
On est bien forcé d'être honnête, } bis.
Quand on n' peut pas faire autrement. }

Le jour de la dernièr' revue,
Mon cousin, plus jobard que moi,
S' trouva fourré dans un' cohue,
Qui criait viv' n'importe quoi.
— Est-c' qu'on a l' chapeau sur la tête?
Dit un monsieur en l' décoiffant.
On est bien forcé d'être honnête, } bis.
Quand on n' peut pas faire autrement. }

Quand j' rencontr' mon propriétaire,
J' cherche à l'éviter simplement,
Parc' que c'est un vieux doctrinaire,
Et que j' lui dois pas mal d'argent.
Mais d'vant moi c' matin il s'arrête,
Alors je l' salu' gracieus'ment ;
On est bien forcé d'être honnête, } bis.
Quand on n' peut pas faire autrement. }

N' croyez pas, messieurs, que j' réclame
Des bravos qui n' me sont pas dûs.
Vous êt's polis, mais, sur mon âme,
Moi, j' craindrais d'en fair' un abus ;
Si j'en r'cevais pour c'te bluette,
C'est qu' vous direz probablement :
On est bien forcé d'être honnête, } bis.
Quand on n' peut pas faire autrement. }

LE BUVEUR

CHANSON.

Air : *Plus on est de fous, plus on rit.*

Salut à toi, jus de la treille,
Sang sacré de notre Sauveur ;
C'est grâce à toi, liqueur vermeille,
Que je sens tressaillir mon cœur.
A ta vapeur bouillante et forte,
Je sens en mon esprit étroit
Renaître mon amitié morte,
Plus on est d'amis (*bis*), plus on boit. (*bis.*)

Ne sont-ils pas de vrais profanes,
Ces esclaves de Mahomet ?
Qui, pour les baisers des sultanes,
Méprisent notre gobelet...
Si l'un d'eux, riant du Prophète,
De boire un jour prenait le droit,
Il dirait, en perdant la tête :
Plus on a d'amour (*bis*), plus on boit. (*bis.*)

Chez nous, lorsque l'automne arrive,
On voit descendre du coteau
Le vieux curé, qui, gai convive,
Vient pour bénir le vin nouveau.
Le premier grain de la vendange,
En souriant il le reçoit ;
Puis il dit pour toute louange :
Plus on aime Dieu (*bis*), plus on boit. (*bis.*)

Quel est donc cet être maussade ?
Au front rêveur et soucieux.
Est-ce un savant ? Est-ce un malade ?
Mais non ! ce n'est qu'un amoureux.
Allons vite, emplissez son verre,
Pauvre fou ! A l'amour il croit !...
Le vin seul n'a pas de mystère,
Car plus on a bu (*bis*), plus on boit. (*bis.*)

Mes bons amis, à cette fête,
J'ai trop voulu goûter le vin ;
Le perfide, il a pris ma tête,
Chassant, il est vrai, le chagrin.
J'ai trop voulu fêter ses charmes,
En vain je cherche à marcher droit.
Eh bah ! au diable les alarmes !
Car plus on a bu (*bis*), plus on boit. (*bis.*)

Alexis BOUVIER.

JEAN HOUBLON

Paroles et Musique,

DE

L. DEBUIRE DU BUC.

La Musique se trouve chez **A. HURÉ**, libraire-éditeur, à Paris, rue Dauphine, n° 44, près le Pont-Neuf.

Sous le froid climat de la Flandre,
Jean Houblon a reçu le jour ;
Son humeur est docile et tendre,
A lui nos vœux et notre amour.
Jean Houblon, gaîment dans la veine,
Fait passer une aimable ardeur,
Et dans notre esprit il promène
Le doux mirage du bonheur.

REFRAIN.

Dans cette coupe étincelante,
   O liqueur d'or !
Viens embraser la voix puissante
   Des fils du Nord.
  Célébrons, célébrons,   } bis.
   Jean Houblon, le blond.

La nature fut-elle ingrate
En donnant à son frère aîné,
Jean Raisin, un teint écarlate,
Et cheveux blonds au second né ?
Non, cette mère toujours sage,
Fit un choix goûté d'Apollon,
A Jean Raisin, riant visage,
Et la douceur à Jean Houblon.

   Dans cette, etc.

Enfants d'une mère commune,
Chaque frère suit son chemin.
Le premier fait grande fortune,
En est-il vraiment plus malin?
Jean Raisin, gros propriétaire,
Craint fort de se mésallier;
Mais Jean Houblon, le prolétaire,
Se complait avec l'ouvrier.

  Dans cette, etc.

Certes, Jean Raisin fit merveille;
Il sut embraser les guerriers,
Et, souvent, sa liqueur vermeille,
D'un cœur fit fondre les glaciers.
Jean Houblon n'est point en arrière
Près des belles, j'en fais serment;
Et sa palme brille, guerrière,
Dans les annales du Flamand.

  Dans cette, etc.

Jean Houblon n'est jamais sévère
Pour ses amis, pauvres humains!
Il aide à calmer la misère,
En inspirant de gais refrains.
L'artisan après la semaine,
De son temple prend le chemin,
Puisant sa force à sa fontaine,
Pour le travail du lendemain.

  Dans cette, etc.

LA VIE DES FLEURS

MÉLODIE.

Paroles de **J.-B. COIGNET**, Musique de **CH. POURNY**.

La Musique se trouve chez **A. HURÉ**, libraire-éditeur, à Paris, rue Dauphine, n° 44, près le Pont-Neuf.

Sur le rebord de ma fenêtre,
Aux pâles reflets du soleil,
Belles roses je vous vois naître
Et vous admire à mon réveil.
Là, malgré les pleurs de l'aurore,
Vous allez bientôt vous flétrir ;
Aujourd'hui, je vous vois éclore ; } bis.
Demain, je vous verrai mourir.

Demain, quelle courte distance
Va nous séparer sans retour !
Emblêmes de notre existence,
Pourquoi ne durez-vous qu'un jour ?
Pourquoi ne pas être immortelle
Au souffle amoureux du zéphir ?
Vous souriez, vous êtes belles ; } bis.
Alors, pourquoi sitôt mourir ?

Pourquoi, lorsque votre calice
Exale un parfum pur et doux,
Faut-il qu'un poison lent s'y glisse ?
La mort, pauvres fleurs, est pour tous !
A quoi nous sert de faire envie,
Même destin doit nous unir ;
A peine rentrons-nous dans la vie, } bis.
Que, près de vous, il faut mourir !

J'SIS DANS L'PANNEAU

SCÈNE COMIQUE.

Paroles et Musique

DE

Édouard de PAËP.

La Musique se trouve chez **A. HURÉ**, libraire-éditeur, à Paris, rue Dauphine, n° 44, près le Pont-Neuf

REFRAIN.

J'sis dans l' panneau, m'n affaire est faite,
L' sort qui m' poursuit d'vait pouin m' manquai ;
Rien q' d'y songeai, j'en d'viens tout bête.
Et dir' qu'on n' peut point s' démariai ! (*bis*.)

L' biau jour que par-d'vant m'sieu l' maire,
  Je m' sis l'sai m'nai comme un viau,
Vâlait ben mieux m' mett'e en terre,
  Ou q' tout dret j' me j'tisse à l'iau.
Et l' souèr qu'au sorti d' ma noce,
  Je m' croyais dans l' Paradis !
Queu déboir' ! mais queu coup d' crosse !
  A c't' heure encor j'en fremis !!!

(PARLÉ.) Mes paurs z'amis, v'là m' n'histouère : Figurai-vo, qu'ia d' cha bétot quasi eun' ânai, vienn' les preunes o ben les m'lons... j' chai pouin trop l'quel des deux... j' crai ben portant q' chest les m'lons. Bref, j'avais *comm' qui dirait* d' zidais de d'sus l' mariag', sauf vot' respait, d'autant pu qui m' rev'nait d' tous côtais pa l' zoreilles, et q' vu les circonstances d' la politique, on allait *comm' qui dirait* faire eun' levai d' tous l' zindividus mâles d' man sesque qu'étaient pouin, comme on dit, emmenageai; si ben, q' mai, que j' peux comptai pour un des biaux jeune hommes d' l'endret, je m' sis dit : J' vas t'y leu zi fair' eun' farc' à M'sieux l' zadjoints, pi à tous l'zaut du gouvernement; j' vas m' mariai, mai, non pas q' j'âye peur au moins... seul'ment, j' vodrais pouin m' batt'; ah! mais cha, c'hest *comm' qui dirait* eun' chose ben arraitai. (*Appuyant sur les mots.*) **J' vodrais pouin m' batt'**! Si ben donc, que j' rencont' l' p'tit Hyaceinthe : Tu veux t' mariai, man fi, qui m' dit, dit-y ? Ben, j'ai t'n affaire. (*Vivement.*) T'as m'n affaire, qu' j'y réponds ? mais, cont' mai cha; mais, cont' mai cha, bé vite; là-d'sus, y m' rappouorte q' la grand' Margritte, c't ell' là que son œil dret avait toujou' l'air d' chercher d' zépingues dans l' zornières (*il louche*); q' là, la grand' Margritte y avait dit comm' cha q' j'étais pouin eun homm' légeai, attendu que j'y avais quâsiment écrrrrasai la moitiai du piai l' joure d' la fête d' cheux nous ; même q' j'y disais toujou' d' pouin y faire attention, mais qu'à m'erconnaiss'rait, et q' si j'y adraissais pouin m' z'escuses, j' pouvais t'êt' sûr d'eun' nich' là oùsque j' pourrais ben m' fair' cassai l' nai; pi encouore, d'aut' gentillesses si ben, mai, q' tout cha m'a fait l'effet d'eun' déclaration; pi que j' m'en suis t'allai trouvai m'n onc' Thomas, à c'te fin qui m' la demandisse; et pi qu'aujord'hui... (*avec emburras*) et ben, mais ; et pi qu'aujord'hui... J' sis dans l' panneau. (*Au refrain.*)

> L' vieux berjai d' man voisin Pierre,
>   L' dit ben : j' sis t'ensorcelai ;
> G'nia pouin, jusqu'à m'sieu l' Vicaire,
>   Qu'en a l'air tout étounai.
> D' pus, tous l' zéfants du vilâge
>   M' cour' sus quand y m' vaient passai ;
> C'hest pouin là d' zeffets d' leur âge ;
>   Man fissique a dû changeai.

(PARLÉ.) Ah! mais, cha c'est dans m' nidai. (*Avec dépit.*) Et dir' qu'un homm' cha vos est bâti d' fachon à c' que quand cha vait eun' femm', cha d'vient tout *comm' qui dirait...* (*cherchant*) q' chen est eun' véritab' infirmitai, quoi? (*S'animant.*) Et l' grand Couvreu d' chéu nous, qui m' répétait quâsiment du matin au souer q' l' mariag' était *l' combe* d' la félichitai'... Mais qu'eu menteu! (*Plus calme.*) J' sis pouin méchant; j' peux pouin vair tirer la queue ou l' zoreill' à un malureux quien sans q' cha m' fass' treillassi (brrr). Mais, tai, man bonhomm', à la r'voyur', tu peux t'èt' certain de t'n affaire... Ah! mais... j'y crié bé fort: T'es qu'un menteu! pi, si y n'est pas cotent, y s' cotent'ra, et pi tous l' zaut aussi qu'on l'air de s' gausser d' mai, pass' c' qui disent que j' sis (*cherchant*) c' que j' trouve pouin d'expression convenab' por vo dire... Mais, j' vos l' demand'; faill'rait y pas por cha que j' viss' la fin d' m'n existence? ou que j' fiss' comm' m'n onc' Thomas?... Ah! mais, c'hest y cha qui vos est un rusai et pi un malin! (*Confidentiellement.*) Figurai-vos; quand j' dis figurai-vos, c'hest eun' magnière d' parlai, attendu q' vo povez pouin vo figurai; (*plus haut*) figurai-vo qu'y paraîtrait q' défunt ma tante d'Laïde (Adélaïde) l' faisait si tellement enrageai tout l' long d' la journai, pi la nuit itout (*s'attendrissant*), que l' paur' cher homm' du bon Dieu, quand il a vu q' la position était pu t'nâbe, il a jugeai qu'il 'tait pu raisonnâbe d' prend' san parti... et il est mouort!... Ah! mais, cha c'hest eun' jeustice à y rend'... (*S'animant.*) Oui; mais avant d'en v'ni à eun' pareill' extreîmitai, mai, j' vas, comme on dit, r'muai la terre, et pi l' Ciel, et pi tout l' trembelment... faill'ra voir... (*Piteusement.*) C' qu'empêche pouin qu'avec tout cha, mai..., en attendant..., j' peux ben dire qu'à-présent... (*Au refrain.*)

  Mais, c' qu'est l' pu fâcheux d' l'affaire,
   C'hest que j' sis montrai du doué;
  J'ons beau leu fair' sign' de s' taire,
   Y m' crient cha jusque d'sus toué.
  Et l' Ciel qu'est zinexorâbe,
   Permet z'encor pou m'ach'vai,
  Q' des gens d'eun' min' respectâbe
   M' boiv' man vin pou m' consolai.

(PARLÉ.) Sous l' pertesque que j' peux pouin restai seul face à face avec man désespouèr! D'pis que j' sis *comm' qui dirait* abandonnai par m'n infidèl', q' j'ons quâsiment surprite avec çu p'tit scélérat d' Pitoué (Pitois), un p'tit rougeai qu'a l' nai r'troussai, y a d' zamis qui s'chen vienn' comm' cha drès l' mâtin, pi qui m' font d'cend' à la cav', pass' c' qui disent q' dans ma pôsition faut s'étourdi pou s' consolai ; si ben, qu'à force d' puisai d' la consolâtion, je m' sis t'aperçu q' man tonneau était *comm' qui dirait* à saîc ; pi, q' me v'là bétôt réduit à baire d' liau tout comme mes vaques, c' qui fait que j' courons pouin l' risque de v'ni enrageai. Mais, véyons..., dit'-mai un peu qué q' vo feriai à ma place, et quéque j' vas dev'ni dans mon malureux sort ? Encouore..., si j' pouvais tant seul'ment fini pa êt' un brin veuf... ah ! mais, j' promets ben qu'on n' m'y r'prendrait pu ; j'en ons suffisamment goûtai. Pi, quant aux femmes..., j' veux pouin y r'pensai ; qué que j' dis, j' veux pu seul'ment en vair eun' seule ; à preuve, q' je m' câche l' visâg' dans man mouchouère d' l'instant et d'pu loin que sis *comm' qui dirait* m'naçai de m' trouvai au vis-à-vis d'eun' ; et q 'si y en avait pu qu'eune et mai su la terr', que l' mond' finirait bétôt... Pi, c'hest comme j' vo l' dis, attendu que c'te fois... (*honteux*) j' peux m' flattai... oh ! mais, là... que... J' sis dans l' panneau. (*Au refrain.*)

LA PARTIE DE DOMINO

CHANSON DE

PAUL DE KOCK.

AIR : *En revenant de Bâle en Suisse.*

Ma chère Suzon, voici l'heure
Où nous pouvons nous mettre au jeu ;
Seul avec toi, dans ma demeure,
J'aime à jouer au coin du feu.

    Ce soir, je m'en vante,
    Je vais à gogo,
    Avec ma servante,
    Faire domino.

Allons, Suzon, qu'on se dépêche,
Place la lampe près de nous ;
Mais surtout ménage la mèche,
Un demi-jour est bien plus doux.

    Ce soir, etc.

Suzon, avec tes doigts de rose,
Il faut remuer tout cela.
— Monsieur, je vous offre la pose...
Cela m'embarrasse déjà.

    Ce soir, etc.

— Monsieur, c'est du blanc que j'avance ;
Bouder ne serait pas le cas.
— Oui ; mais quand je m'ouvre une chance,
Suzon, ne me la ferme pas.

    Ce soir, etc.

Vraiment, Suzon, quoi que je fasse,
Jamais mon pauvre as ne finit.
— Monsieur, je ne crois pas qu'il passe,
Vous avez un dé trop petit.

    Ce soir, etc.

Allons, j'attaque. — Et moi, je ferme.
Ce double blanc me plaît beaucoup.
Surtout, Monsieur, tenez-vous ferme,
Car je vous prépare un grand coup.

    Ce soir, etc.

— Du six, Monsieur? — Je les abhorre;
Je n'ai jamais de ces gros-là!
— Du cinq, au moins? — Je boude encore.
— Vous ne faites plus que cela!

    Ce soir, etc.

— Quoi! vous n'avez ni cinq ni quatre;
Allons, Monsieur, cherchez un peu.
— Suzon, je suis forcé d'abattre...
— Ah! que vous avez vilain jeu!

    Ce soir, etc.

Suzon, je quitte la partie;
Demain, je serai plus en train.
— Ça s'ra de même, je parie;
Vous remettez tout à demain.

    Demain, je m'en vante,
    Je veux subito,
    Avec ma servante,
    Faire domino.

MAISON SPÉCIALE

A. HURÉ.

LIBRAIRE-ÉDITEUR,

RUE DAUPHINE, 44, PRÈS LE PONT-NEUF.

On trouve dans cette Maison tout ce qui existe de Musique Chant et Airs d'Opéra, publiés en petit format, à 20, 25, 40, 50 et 60 centimes, ainsi que le Catalogue de ces diverses publications. (ECRIRE FRANCO.)

Paris. — Typographie Chaumont, 6, rue Saint-Spire.

TROIS LETTRES
D'UN
CONSCRIT AUVERGNAT

Paroles de J. ARNAUD,

Musique de L. de CROZE.

La Musique se trouve chez **A. HURÉ**, libraire-éditeur, à Paris,
rue Dauphine, n° 44, près le Pont-Neuf.

REFRAIN.

Plaignez j'un conscrit,
Qui se déconfit
Comm' de la poumade
Dédans la chalade,
Vougré dé poumpon!
Plus de bon jambon,
Plus de bonn' rifaille
Ni de bouschtifaille.
Jamais l'auvergnat
Devrait j'êtr' soldat!

De mes chagrins, j' vas j'informer ma mère;
Chur che papier, j' lui marqu' ma peine amère,
Et ch' ell' n'est pas enrhumée du cherveau,
J' lui fais chentir que j' pleure comme un veau;
Que je flétri comme une figue chèche;
Que de la joie j'en ai perdu la mèche,
Et que ch' ell' veut guérir mon cauchemard,
All' m' fasch' pacher du jambon et du lard.

(*Lisant une lettre.*) « Ma bonne, chère et bien tender mère, je t'écris chette lettre pour chavoir chi tu as vendu tout tes couchons... pour m'en envoyer un gi-

Album du Gai Chanteur. — 3ᵉ vol. 58ᵉ Livraison,

got... pour chavoir chi le chien a toujours mal à la patte ; tu l'embracheras bien pour moi, et lui diras bien des chojes de ma part. Tu me feras le plaijir de m'envoyer ma blague à tabac ; tu la chercheras, et chi tu ne la trouves pas..., tu me l'enverras pas. Ma bonne, chère mère..., je vas te faire voir comme je chais bien faire l'axerchiche... Regardes bien, tu vas voir... Fais bien attenchion. D'abord, je marche chi bien qu'on dirait que j'ai j'une fichelle qui me tire les jambes comme un porichinel, tu vois. (*Il exécute en parlant les mouvements qu'il lit.*) Un'... deuss ! Cha doit te faire plaijir, puis j'on dirait que j'ai j'une mécagnique dans les j'épaules, que je tournes chi bien la tête, que chest comme chi tu me flanquais j'un chouflet, et que je te dije : Tiens, donne-m'en j'un autre. (*Il exécute le mouvement.*) Je finis en t'embrachant de toutes mes forches ; ton brave piqui, employé comme pioupiou à la 2me du 4me du 20me. JEAN TRIPAILLON. — « Poschte-érintum. Tu ne m'enverras pas la blague, vu que je viens de la trouver dans mon chac, et alors, comme je t'écrivais quaji que pour cha... je ne t'envoye pas la lettre ; je la garde. Chest deux chentimes de papier de perdu, mais cha me chervira toujours au bejoin. » (AU REFRAIN.)

> A M'ssieu le curé, qui m'a charvi de père,
> Qui m'aime tant, qu'a chi bon caractère,
> J'écris auchi tous mes j'embêtachions,
> Pour qu'il me donn' tout's ches bénédicchions,
> Car chest à lui que j' dois d' chavoir écrire ;
> Et j' sis heureux de bien pouvoir lui dire,
> Que je moi-j'is dans l' pays des Bédoins,
> Qui chont pas beaux, et noirs comm' des boudins

« Mon boun mochieu l' curé ; on nous a fiché au pays de l'AFRIPE, et je profite de cha pour vous j'écrire que ches Bédouins, on les j'appelle des j'ARRRBRES, d'autant pluch qu'ils che lavent jamais la frimouche, qu'il est auchi noire que vostre chapeau des dimanches, fouschtrri ! et puis qu'ils chont habillés comme les femmes et les femmes comme les j'hommes ; chi bien que vous dites : Mochieu, à une demoijelle qui n'a jamais été j'homme ; ils che mettent les draps de lit et les couvertures chur la teschte, que chest j'à en mourir de rire... Ils font de mauvaijes frigouche qui chemblent des gadablasmes ; leur meilleure bouschtifaille, chest le

COUROUSCOUCHOU, chi bien que le carpoural BLA-
GUAPART me dit qu'ils y mettent dedans de la graîche
de chameau, que chest j'une beschte qu'a j'une boche
comme celle de voschtre cuijinière ; ils fument dans des
bouteilles... Mais le plus farche chest qu'ils ont j'un bon
Dieu pas comme chelui de l'Ouvergne qui chapelle
HOLA, comme chi vous j'appéliez quelqu'un et puis un
autre qui chapelle MALLONET, que che vougri dé fi-
naud chest fait j'enterrer en l'air; mais ils chont bien
dévots, vu qu'ils j'ons toujours le chapelet à la main. En
finichant ma lettre, j'y viens de faire un gros pâté comme
voschtre tonchure, que cha me fais de la peine, et chi
vous ne pouvez pas la lire, vous la recopierez..., car je
chuis chi bien en colère que je vais la déchirer, et vous
j'aurez choin de ne pas j'égarer les morcheaux, pour ne
rien perdre des expréchions que j'ai j'eues dans che
pays. » (Il la déchire.) (AU REFRAIN.)

  A mes j'amours, à ma bell' Marguerite,
  J'écris auchi qu'étant dans ma guérite
  A promener en faisant ma facchion,
  J'ai fait des verchs dans cha boune intenchion.
  Je lui dépeins ma flamme malheureuje,
  Qui che rouchi tant elle est amoureuje,
  Car il faudra, pour bien la refroidir,
  Dans j'un bachin chans eau qu' j'aill' la périr.

« Ma tendre bonne chère amie, je m'emprêche, au
bout de trois mois de chéparachion, de t'envoyer quelques verchs que je me chuis j'inspiré dans ma facchion...
Ils chentent bon comme la graîche que tu te fourrais
dans les cheveux quand nous j'allions dancha lou rigau-
don chez le pêre Tartigny, qui fait de chi boun fricots
à che mangea les j'ongles. Voichi les verchs que j'ai
faits :

Ecout'-moi, *Marguerite*, idole de mon cœur,
Qu'est fraîche comm' la *roje* et blanch' comm' la *boul'*-
La cantinière, qu'est la femme d'un chapeur, [*neige;*
Chouvent me fait l'œil et all' veut me tendre un piége;
Mais toujours ta *penchée* anime mon eschprit,
Qui croit naturel'ment, comm' l' *bleuet* dans la plaine.
Comme un *coquelicot* l' bout de mon nez rougit;
Volontiers j' l'y fich'rai *giroflée* à main pleine,

Chi je n'étais genet par l' pois de mes chouchis,
Quand all' me fait chentir cha pachion immortelle,
Qu' ches lèvres violettes che pinchent à p'tits plis...
Lila bien chette lettre, et pri' pour ma charvelle.

« J'espère que voilà des verchs qui chentent auchi bon que la VANILLE que tu achèles à Mochieu JONQUILLE, l'inventeur de la TUBEREUSE à la FLEUR D'ORANGE à la mécagnique... Dis-donc, Marguerite, nous j'étions j'heureux quand nous j'allions dancha. Te chouviens-tu des carèches que je te fejais : tu me donnais des grands coups de poings, mais moi j'auchi je te donnais des bons coups de pieds, qu'un jour je t'ai caché trois dents, chét ait cha de l'amour ! que je t'arrachais des poignées de cheveux, que tu criais comme l'âne de ton père, et que nous danchions lou rigodon de ma compojichion. »

PAS DE BOURRÉE.

Attrape-moi le bout du nez,
Qui me bredouille
Comme une andouille ;
Attrape-moi le bout du nez,
Nous en ferons j'un bon dîné,
Avec du lard et du cochon,
Du piqui chalé, du jambon.

« Oh ! Marguerite, quand je penche qu'il faut que je renonche au pas de bourrée pour le pas de charge, je pleure comme un gros veau. (Il pleure.) Tu la feras chécher chette lettre qu'est trempée de mes larmes. (Il se mouche involontairement avec la lettre.) Je chuis chi malheureux, que chi tu peux m'envoyer un pot de confiture, avec de tes cheveux, je les licherai avec plaijir. » (Il la froisse et la met dans sa poche.) (AU REFRAIN.)

LES PLAINTES DE L'AVEUGLE

Paroles de L. WALLE, Musique de HENRY BOUTRY.

La Musique se trouve chez A. IBUERÉ, libraire-éditeur, à Paris, rue Dauphine, n° 44, près le Pont-Neuf.

REFRAIN.

Regarde-moi, mon Dieu! je suis ta créature;
Pourquoi m'avoir privé de la clarté du jour?
Pour toi, chaque merveille, ici dans la nature,
Est l'objet de tes soins, de ton divin amour.
Pour moi, tout est néant, crépuscule, silence;
Je ne puis ainsi qu'eux voir ton beau ciel vermeil,
Et quand la mort viendra m'apporter ta sentence,
J'aurai vécu sans voir l'éclat de ton soleil.

En toi tous les mortels mettent leur espérance;
Les oiseaux, dans les bois, t'offrent leurs doux concerts;
Les lions, au désert, célèbrent ta puissance;
Tout s'élève vers toi dans ton vaste univers.

    Regarde-moi, mon Dieu! etc.

Ils voient!... ils sont heureux!... Moi seul, dans cette vie,
Je ne puis voir les miens, ma femme et mes enfants,
J'entends gémir, en vain, ma famille chérie!
Mes seuls plaisirs pour moi sont leurs embrassements.

    Regarde-moi, mon Dieu! etc.

Toi qui vois tout des cieux, toi qui vois ma disgrâce,
Fais du moins, ô mon Dieu! qu'en sortant du tombeau,
Au jour marqué par toi, je puisse voir ta face,
En éclairant mes yeux du feu de ton flambeau.

    Regarde-moi, mon Dieu! etc.

LA MORT DU CHRIST

STROPHES.

Paroles d'ARTHUR LAMY, Musique de CH. POURNY.

La Musique se trouve chez A. HUREL, libraire-éditeur, à Paris, rue Dauphine, n° 44, près le Pont-Neuf.

C'était fête au palais, gala, cérémonie ;
Dans ces lieux où régnait la licence sans frein,
Balthazar festoyait nombreuse compagnie,
Et Lazar', sur le seuil, mourait de froid, de faim ;
Quand un homme parut en cette salle immense,
Faisant entendre à tous sa suppliante voix :
O riches ! disait-il, secourez l'indigence !
Les pauvres, devant Dieu, sont les égaux des rois :
Et pour sanctifier cette douce alliance,
Le Christ ira bientôt mourir sur une croix. (*bis.*)

Alors portant ses pas au temple des prières,
Il le vit encombré de marchands, d'acheteurs ;
C'est ici, leur dit-il, que s'inclinaient vos pères,
Le trafic en a fait un repaire à voleurs.
Et d'un fouet armant son bras rempli de zèle,
Il chasse les marchands terrassés à la fois ;
Puis, là, dans le saint lieu, sa voix sonore et belle
Disait : Entr'aidez-vous, d'amour suivez les lois ;
Et pour sanctifier l'union fraternelle,
Le Christ ira bientôt mourir sur une croix. (*bis.*)

Partout sa voix prêchait le pardon, la clémence,
L'espoir, la douce paix et la fraternité.
Entre vous, disait-il, plus de sang, de vengeance,
Enfants d'un même Dieu qui fit l'égalité.
Mais redoutant pour eux cette morale austère,
Les prêtres du Veau d'or, d'une commune voix,
Disent : C'est un impie, il vient troubler la terre,
Sur lui faisons peser tout le courroux des lois ;
Et quand chacun criait : au Calvaire ! au Calvaire !
Le Christ en pardonnant mourrait sur une croix. (*bis.*)

LE TAMBOURIN

PASTORALE.

Paroles de A. BOULANGER. Musique de BLONDEL.

La Musique se trouve chez A. EEURE, libraire-éditeur, à Paris,
rue Dauphine, n° 44, près le Pont-Neuf.

J'entends là-bas le tambourin,
   Douce musette.
    Et chansonnette ;
Et l'écho redit au lointain :
Accourez, mettez-vous en train.

Jeune fille, jeune garçon,
D'un pas léger vont à la danse :
On rit, on chante, on se balance ;
Tous les cœurs sont à l'unisson.
     Ah! ah!
  J'entends là-bas, etc.

Le plaisir habite les champs,
Venez y fouler la fleurette,
Et vous entendrez la fauvette
Chanter le retour du printemps.
     Ah! ah!
  J'entends là-bas, etc.

Voyez au loin, dans ces vallons,
Ce bel essaim de blanches filles ;
Elles sont fraîches et gentilles :
On croirait voir des papillons.
     Ah! ah!
  J'entends là-bas, etc.

Il faut cesser vos chants si doux ;
Séparez-vous, garçons et filles :
Prenez vos gerbes, vos faucilles,
Car le ciel se met en courroux.
     Ah! ah!
  J'entends là-bas, etc.

Le soleil a fui le coteau,
La nuit déjà couvre la terre ;
Chacun regagne sa chaumière,
Chantant le refrain du hameau.
     Ah! ah!
  J'entends là-bas, etc.

ADIEU,
MES CINQ FRANCS!

CHANSON

De Charles COLMANCE.

La Musique se trouve chez A. HUERÉ, libraire-éditeur, à Paris, rue Dauphine, n° 44, près le Pont-Neuf.

Ou Air : *Toute la nature.*

Un jour de bamboche,
Je marchais chantant,
Cent sous dans ma poche
Et le cœur content;
En tournant la rue,
J'entre aux Quatre-Vents,
Maison bien connue,
Grâce à ses vins blancs.
Adieu, mes cinq francs! (bis.)

Orgeat ou groseille,
Bourgogne ou Bordeaux,
De chaque bouteille
S'échappent à flots.
Pause terminée,
Sans récalcitrants,
Hélas! la tournée
Est pour les entrants.
Adieu, mes cinq francs! (bis.)

— Ceci se complique,
Me dit un voisin ;
Pour la politique,
Je ne suis pas fin.
Faisons quelque chose
Pour passer le temps.
Moi, je vous propose
Un litre en deux cents.
Adieu, mes cinq francs! (bis.)

Comme il se prépare
Un coup désastreux,
Un objet bizarre
Paraît à mes yeux :
C'est Mimi Tronquette,
En jupe à volants ;
Surcroît de toilette,
Elle a mis ses gants.
Adieu, mes cinq francs! (bis.)

— Ah! bonjour, la biche,
Je viens pour te voir.
Voyons, es-tu riche?
Sortons-nous ce soir?
Le ciel est superbe,
Les chemins charmants :
Allons fouler l'herbe
Et courir les champs.
Adieu, mes cinq francs! (bis.)

— En casaque grise,
Traverser Paris ;
Je suis trop mal mise,
Vraiment, j'en rougis.
Seul' dans tout ce monde
Peuplé d'élégants!
Mon bonnet de blonde
N'a pas de rubans.
Adieu, mes cinq francs! (bis.)

Le temps met obstacle
A tous nos apprêts;
Allons au spectacle,
Ce sera plus près.

C'est une première,
Cours, prends les devants ;
Nous serons, j'espère,
Sur les premiers bancs.
Adieu, mes cinq francs ! (*bis.*)

— L'amour est cousue
D'amants vertueux ;
J'en ai l'âme émue
Et l'estomac creux.
Monte-moi donc, George,
Puisque tu descends,
Quelques sucres d'orge
Comme adoucissants.
Adieu, mes cinq francs ! (*bis.*)

— Mon portier m'appelle ;
As-tu quelques sous ?
Prends une chandelle
Pour rentrer chez nous.
Un pain de deux livres,
Des plus croustillants,
Avec quelques vivres
Un peu nourrissants.
Adieu, mes cinq francs ! (*bis.*)

Craignez, gens folâtres,
Le vin en commun,
Le jeu, les théâtres,
Et Tronquette à jeun !
Dans leur compagnie,
Je trouve en tous temps,
Ma bourse aplatie
Et mes fonds absents !
Adieu, mes cinq francs ! (*bis.*)

LE TEMPS

CHANSON PAR

Henri TURENNE.

Air : *Le Roi du Raisin.*

Quel est ce vieillard rabougri,
Aux cheveux blancs, à barbe épaisse?
On ne connaît que sa vieillesse.
Grands dieux ! comme il est amaigri !
Il court et jamais ne se lasse ;
Rien ne peut le faire arrêter.
Il vole et plane dans l'espace,
Et seul doit toujours exister.

REFRAIN.

Livrons-nous au plaisir,
Bacchus nous y convie ;
Dans cette courte vie,
Hâtons-nous de jouir.

Brisant colonnes et piliers,
Il n'épargne pas moins les hommes ;
Car, infortunés que nous sommes,
Il nous moissonne par milliers.
Jeunes, vieux, roture et noblesse,
Il frappe sans distinctions ;
Sous sa faux nous tombons sans cesse,
Comme les blés dans les sillons.

Livrons-nous au plaisir, etc.

Voyant comme nous périssons,
De nos vains projets il doit rire.
Il a détruit plus d'un empire,
Dont nous n'avons vu que les noms.
Des rois il confond la sagesse ;
D'un peuple il change le destin.
D'un Etat il fait la richesse,
Et la ruine le lendemain.

Livrons-nous au plaisir, etc.

Par ses mains nous sommes construits :
Il s'entend avec la nature ;
Il donne à l'homme sa structure,
Aux arbres il donne les fruits.
Par lui la diligente abeille
Nous donne un miel délicieux.
Il rend le bon jus de la treille
Digne des héros et des dieux.
  Livrons-nous au plaisir, etc.

C'est le plus grand magicien ;
On le voit changer toutes choses.
Il fait mille métamorphoses ;
Hélas ! Chloé le sait trop bien.
De Vénus elle avait les charmes ;
Elle est sans cheveux et sans dents.
Gaie alors ; elle est tout en larmes ;
Elle a perdu tous ses amants.
  Livrons-nous au plaisir, etc.

Il m'a fait plus d'un mauvais tour ;
Il a dissipé ma fortune.
Je devrais lui garder rancune,
Il me fut nuisible en amour.
Fêtons le vin et nos maîtresses,
La santé, notre unique bien.
Chantons le mépris des richesses,
Puisque nous ne possédons rien.
  Livrons-nous au plaisir, etc.

MAISON SPÉCIALE
A. HURÉ.
LIBRAIRE-ÉDITEUR,
RUE DAUPHINE, 44, PRÈS LE PONT-NEUF.

On trouve dans cette Maison tout ce qui existe de Musique, Chant et Airs d'Opéra, publiés en petit format, à 20, 25, 40, 50 et 60 centimes, ainsi que le Catalogue de ces diverses publications. (ÉCRIRE FRANCO.)

Paris. — Typographie CHAUMONT, 6, rue Saint-Spire.

LA NOCE ET L'ENTERREMENT

SCÈNE COMIQUE.

Paroles de **A. BOULANGER.**

Musique de L. BOUGNOL.

La Musique se trouve chez **A. HURÉ**, libraire-éditeur, à Paris, rue Dauphine, n° 44, près le Pont-Neuf.

INTRODUCTION.

Madame Piment, ancienne marchande de moutarde, rue des Vinaigriers, et maintenant garde-malade, rue du Sepulcre, maison du marchand de bière, raconte à M. Josse, ex-concierge des Petits-Ménages, maison de bienfaisance pour les pauvres qui ont de l'argent... les désagréments qu'elle a éprouvés à la noce de Mademoiselle Desjardins, une jeune pépiniériste qui tient une jolie branche de commerce, rue de l'Arbre-Sec; de son côté, M. Josse lui fait le récit enivrant des plaisirs qu'il a goûtés au convoi du père Chamel, le doyen du chiffon.

Le dialogue s'établit entre eux de la manière suivante :

JOSSE.
Ah! ma pauvr' mam' Piment!
MADAME PIMENT.
Ah! mon cher monsieur Josse!
JOSSE.
J'arriv' de l'enterr'ment,
MADAME PIMENT.
Moi, je r'viens de la noce.

JOSSE.
Ça c'est t'y bien passé?
MADAME PIMENT.
Mon Dieu! quell' triste mine!
JOSSE.
On dirait, ma voisine,
Qu' vous avez l'air vexé?
MADAME PIMENT.
Ah! ne m'en parlez pas,
J'enrage encor tout bas;
Si quelqu'un m'y rattrape,
Je veux devenir pape.

Album du Gai Chanteur. — 3ᵉ vol. 59ᵉ Livraison.

Mais vous, M. Josse, on dirait que vous avez un peu goblotté? — Ah! ma chère, goblotté à mort! c'est-à-dire qu'on s'est amusé... à se rouler! Figurez-vous un convoi de cent cinquante couverts! quelle noce!... c'est là que j'ai fait claquer mon bec! Et vous? — Ah! ne m'en parlez pas, la noce était un véritable enterrement! il n'y manquait que deux pleureurs; ça aurait été comme à l'omnibus, complet! Il n'y a évu que des désagréments d'puis l' commencement jusqu'à la fin: D'abord, à la mairie, on leur z'y a changé tous leux chapeaux, on a emporté les bons, on leur z'y en a laissé des mauvais, il n'y avait que celui d' la mariée qui était presque intact! Et ce pauvr' marié! est-ce qu'on n'y a pas laissé un chapeau za cornes! il y a Madame Coclaria, la marchande herboiriste, qui a dit que c'était d'un bon augure.

Arrivés à l'église, c'était aut' chose, ils n'en finissent pas dans leux boutiques, ils sont longs comme des vielles, avec ça qu' ces jeune homme étaient venus z'un peu tard, rapport à l'accident d' la mairie, ça fait qu'il n'y avait plus qu'une messe au chœur. On leux z'y a dit : « Si vous voulez en profiter, d'une pierre on en fera « deux coups! » ça fait qu'on les a mariés en bloc, un vrai mariage de pacotille! L' curé leux y fait un sermon en latin, qu'était plein d'esprit, rien d' pus bête que ça. Pour avoir voulu économiser une chaise de deux sous, j'ai resté sur mes pauves jambes, qu'elles m'en rentraient dans les cuisses, quoi... Ah! dites donc, comment trouvez-vous les marieux, ils n'avaient qu'un poële à eux quatre. Y z'étaient tous fourrés sous l' même, ça avait-il l'air nu!

Allez, quand on m'y r'prendra, il y fera chaud.

JOSSE.

Ah! ma pauvr' mam' Piment!

MADAME PIMENT.

Ah! mon cher monsieur Josse!

JOSSE.

Quel drôle d'enterr'ment!

MADAME PIMENT.

Bon Dieu! quell' triste noce!

JOSSE.

A mon tour, je vous dirai
Qu' tout s'est fait à ma guise;
Avec le père Dénise,
Comme j' m'en suis fourré!

> Puis, avec des voisins,
> Chez un p'tit marchand de vins,
> Nous avons pris un siège,
> En attendant le cortège.

Au bout de cinq minutes de perruquier, je l'ai vu défiler la parade ; je me croyais encore de garde quand j' montais à l'échelle, au temps où ce que j'étais fusiller.

Arrivé au cimetière, y avait de quoi rire, tout l' monde pleurait ; il y a zévu un discours ! C'est Crampon qui s'est cramponné pour l' prononcer : « Mes amis, qu'il a « dit, dit-y, notre ami Chamel, le doyen du chiffon, sur « lequel nous sommes appelés à déposer une larme, est « sorti d'une classe pauvre, mais honnête ; élevé, qui « dit, par des parents qui firent de grands sacrifices « pour son éducation, et qu'il quitta aussitôt qu'il put « s'en passer. Enivré par les récits glorieux qu'on f'sait « d' l'armée républicaine, il se leva en masse, et partit « pour les quatorze armées, soldat, militaire et troupier « (j'ajouterai même piou-piou), ayant dans son sac le « bâton de maréchal ; mais, l'ayant ouvert, il n'y trouva « qu' deux baguettes de tambour. Le bruit qu'il fit dans « l'armée lui valut le surnom de Tapp'fort. Une blessure « qu'il reçut au passage de la Voirézina, lui fit obtenir « son congé ; il revînt en France, où il se jeta à corps « perdu dans l' chiffon, berceau de ses premiers pères. « Dans ses courses aventureuses et vagabondes, qui dit, « il fit la rencontre dè la veuve Gigolette, aux pieds du- « quel il déposa son carquois et sa flèche avec laquelle « il avait lancé naguère plus d'un trait meurtrier sur les « chiens, les chats et autres volatiles à quatre pattes. « D'une union aussi fortunée, qui dit, il naquit deux « enfants ; avec quel plaisir et quelle satisfaction, il se « plaisait à nourrir ces innocentes créatures de culs de « bouteilles et de verres cassés, produit de son industrie « journalière ; c'est ainsi, qui dit, qu'il laissa à sa famille « un nom sans tache et sans reproche. »

Ici la voix de l'orateur fut couverte par un crêpe de larmes qui l'empêcha de continuer, tant son émotion était forte, on le transporta immédiatement chez le père Bourgeon, où quelques gouttes d'un vin généreux... versé à foison, lui fit retrouver ses connaissances, qui le félicitèrent tous d'un commun accord de la manière dont il avait prononcé son discours.

JOSSE.

Ah ! ma pauvr' mam' Piment !

MADAME PIMENT.
Ah! mon cher monsieur Josse!
JOSSE.
Quel drôle d'enterr'ment!
MADAME PIMENT.
Bon Dieu, quell' triste noce!

JOSSE.
Crampon, r'mis sur ses pieds,
Dit: « Messieurs, j' vous propose
« D'aller manger quéqu' chose
« Chez l' papa Dénoyez! »
Chacun s'écri' bravo!
Moi qui n' crach' pas sur l' veau,
J' suis la foule qui s'ach'mine
Du côté d' la cuisine.

Fallait nous voir filer tout droit en arpentant l' chemin d' ronde. Arrivé chez Dénoyez, au Grand Salon, j' dis: un litre à qui fait l' siam? Pour ma part, j' l'ai abattu trois fois de suite. — Tiens, il paraît que vous avez fait comme nous, la partie en attendant le dîner? mais c'était pas la même chose, j'en suis sûre; il y avait M. Poulet, le vieux marchand d' volailles, qu'a la tête toute déplumée, qui f'sait une partie d' cartes avec M. Pommadin, le coiffeur d'en face; il paraîtrait que M. Pommadin voulait faire la queue à M. Poulet, qui s'est redressé sur ses ergots, et quoiqu'il ait l'air d'une poul' mouillée, y a fait voler les cartes à la figure; alors ils s' sont flanqué un coup d' peigne en s'attrapant par les cheveux, M. Pommadin voulait tout raser dans la maison; ils s' frisaient des coups de poings qu'ils en avaient les yeux en papillottes, ils se sont tellement crêpés qu'il n'y avait plus moyen de les démêler; M. Pommadin, quoique né de père et de mèr' lents, est vif comme la poudre; en s' débattant, il a presque crevé un œil à M. Poulet, qui en sera l' dindon. Quand ça été fini, ces canards-là se regardaient comme deux oies; ils étaient faits..... tout déchirés! On a eu toutes les peines du monde à les raccommoder, et je vous prie d' croire qu'il fallait encore avoir le fil, et puis, au bout du compte, ils se sont séparés en lambeaux! Quand on m'y r'prendra, il y fera chaud.

JOSSE.
Ah! ma pauvr' mam' Piment!
MADAME PIMENT.
Ah! mon cher monsieur Josse!

JOSSE.
Quel drôle d'enterr'ment!
MADAME PIMENT.
Bon Dieu, quell' triste noce.

Après cet incident,
J' n'étais guère en train de rire,
Quand l' garçon vient nous dire
Le diner vous attend.
Je m' place à table et j'vois
Qu'on sert tout à la fois,
Les radis, la mat'lote,
Le potage et la gib'lote.

Et quell' gib'lotte, grand Dieu! je regardais toujours dans le plat si je voyais seulement le bout d'une tête, ah! ben excusez, pas pus d' tête que d'ssus la main. J' dis : « Dites donc garçon! garçon! mais regardez donc « votre gib'lote, mais c'est une gib'lote de Perse, pays « des shahs... oint, j' n'en mangerai pas. » — Quelle différence, ma chère, à l'enterrement, nous avions une blanquette de veau qui vous coupait la figure en zigzag! Et une sauce! on aurait pu s' tremper une soupe avec; c'était à s'en lécher les barbes; je m' suis fait des joues comme des talons de bottes. — Mais à la noce il n'y avait qu' des potages; le croûton, y en avait pour toutes les dames; c' qui dominait l' plus, c'était le riz, ah! y en avait-il! riz au lait, au gras, au maigre, c'était une véritable mer de riz! Y avait une petite julienne, par exemple, qui avait bien son agrément; mais c'était embêtant, on y trouvait à chaque instant un tas de petits morceaux de bois d'dans! J' crois ben, c'était une boîte d'allumettes chimiques qu'on y avait laissé tomber; heureusement que l' potage n'était pas trop chaud, car sans ça, on nous aurait servi z'un punch; c'est ça qu'aurait z'été flambant! On a dit: c'est égal, il n'y aura rien de perdu, ça servira de cure-dents au dessert; à propos de dessert, il n'y en avait pas; il n'y avait qu'un méchant flan qu' l'on avait flanqué comme ça sur la table. Ah! dites donc! il y avait Monsieur Piston, l'ancien pompier, n' s'est-il pas fait prier pour chanter des couplets d' la mariée! Ah! mon Dieu, est-y possible de s' faire prier quand on chante comme ça! Quand il a commencé, j'ai cru entende un haquet qui *n'était pas graissé*; je m' suis j'té sur l' flan, car c'était à dormir debout que de l'entendre; j' dis v'là un ours qui peut s' vanter d' chanter avec des agréments. Y avait Domingo, c' vieux nègre qu'a été ramené du Nouveau-Monde par c' fameux philanthrope; y a dit comme ça : « T'est esclave dans ton « pays? vien z'en France, et là tu seras domestique! » C'est drôle, il nous a dit quand il était serf, il n' s' voyait pas courir tant il était gras; ah ben! d'puis qu'il a goûté l'air d' la liberté, il est fièrement changé; il n'est plus reconnaissant, il est maigre comme un coucou, mais y dit qu'y s' plaît beaucoup ici; aussi il nous a chanté: *Rendez-moi ma patrie, ou laissez-moi mourir !* Allez quand on m'y reprendra, il y fera chaud.

JOSSE.
Ah! ma pauvr' mam' Piment!
MADAME PIMENT.
Ah! mon cher monsieur Josse!
JOSSE.
Quel drôle d'enterr'ment!
MADAME PIMENT.
Bon Dieu, quell' triste noce!

JOSSE.
J' m'étais bourré le fanal,
J' buvais comme une éponge,
Crampon dit: « V'là qu' j'y songe,
Si nous allions au bal? »
Au bal! que j' dis, ça m' va!
On peut bien se payer ça:
C' n'est pas tous les jours fête,
Faut qu' j'y fasse un' conquête.

J'ai fait une connaissance, mais une connaissance honnête: j'ai fait la connaissance de mademoiselle Brillant, une jeune souffleuse de perles de la rue des Cinq-Diamants; j' lui fis comprendre tout d'abord que j' n'étais pas venu près d'elle pour enfiler des perles, et tout en lui défilant mon chapelet, ses yeux de rubis m'inondaient d'étincelles; j' la regardais comme une pierre précieuse en m' promettant toutefois que si elle m'appartenait, de la conserver comme un bijou. J' me sentis brûler pour elle d'un feu volcanique, j' lui peignais ma flamme sous des couleurs si séduisantes, qu'en moins de rien nous brûlâmes comme deux tisons sans fumée; et j' me disais à part moi: Dieu! qu'un homme est sot, si son cœur a parlé! En franc et joyeux citadin, j' propose la fine citadine, la malheureuse accepte!... elle était perdue! J' dis au cocher : « Conduisez-moi à mon hôtel du Grand-Cerf, rue... Courtaut vilain. Dans l' sapin, j' lui fis une déclaration dans toutes les règles. Le cocher allait au pas,

tandis que moi, je brûlais le pavé ; l' malheureux prenait
l' plus long, tandis que j'étais en train de prendre le
plus court pour arriver au cœur de ma belle ; v'là t'y
pas qu'il nous arrête à l'avenue de Lamotte... Piquet,
juste au moment où j'étais près de terminer ma péro-
raison. Ah! j' dis : « Cocher erraré ! conduisez-nous rue
des Cinq-Diamants. » Oh! alors, ma chère, j'ai passé
une nuit dans une mer de délices, c'est-à-dire que j'en ai
oublié le numéro de ma maison, heureusement que j'ai
conservé celui du cocher.

JOSSE.
Ah! ma pauv' mam' Piment!
MADAME PIMENT.
Ah! mon cher monsieur Josse!
JOSSE.
Quel drôle d'enterr'ment!
MADAME PIMENT.
Bon Dieu, quell' triste noce!

JOSSE.
J' suis enfin très-content,
J'ai ri, j'ai fait bombance.
MADAME PIMENT.
Vous avez eu de la chance ;
J' n'en dirai pas autant,
L' couvert v'nait d'être enl'vé,
Il nous est arrivé
Quéqu' chose d' si tragique,
Qu' j'en avais la colique.

Figurez-vous que c' pauvre cher marié descend pour
un instant ; c' pauve cher homme ne se doutait pas
qu'on fesait des réparations dans le dessous : une planche
mal jointe, patatras! v'là qu'y s'enfile dans les catacombes! et quelles catacombes, doux Jésus! Cinq toises
de toute espèce de choses! j' dis cinq toises, le fait est
qu'il n'y en avait qu' quatre, car j'ai su plus tard, que
l'entrepreneur, d'accord avec le portier, avait dit : « Si
« nous pouvons en compter cinq au porpiétaire, nous
« en ferons sauter une à déjeuner. » Eh ben! tout y a
passé comme une fraise! En v'là des ventes à tout grain!
mais l' porpiétaire s'en est aperçu ; il leur zy a fait rendre,
n'ia pas à dire, a fallu qu'ils le r'crachent. Mais c'est
c' pauv' marié, quand a fallu le r'pêcher, dans quel état
qu'il était, il avait peine à mordre à l'hameçon, il était
heureux comme l' poisson dans la moutarde ; il a resté

plus d'une heure et demie sous la pompe; j'en ai eu une courbature dans la saignée. Quand on a découvert le pot aux roses à son épouse, elle est tombée à la renverse, avec ça le vent qui venait à travers la croisée... sentait beaucoup. J'ai dit à Lafosse (un des témoins d' la mariée) ouvre ta tabatière et fais-lui vîte respirer la fève de Tonka. Quand elle a été remise sur son siège, j'ai cru qu'elle allait faire... un malheur. Elle poussait des soupirs à déchirer les entrailles; ah! c'était à n' pas tenir auprès d'elle, elle en avait gros su l' cœur, mais elle a fini par nous lâcher un torrent de larmes, et ça l'a bien soulagée. Elle nous a dit en pleurant (car elle pleurait c'te pauv' femme ça f'sait de la peine à voir): Ma mère m'a dit: Mon enfant, tu n'as pas d' fortune, mais tu trouv'ras l' bonheur au lieu d'aisance, c'est là que tu goûteras les commodités de la vie, base fondamentale d'une union qui sera toujours filée par une véritable lune de miel, tu vivras en paix, comme les tourtereaux vivent de vesces. Ah! ne me cachez rien, m'a-t-elle dit, dites-moi tout. Dans quel cas est mon mari? (Vous sentez bien que l' cas n'était pas très opportun pour lui mettre positivement l' nez dessus.) Y a Ma'me Coclaria qui a dit: « N' vous tourmentez donc pas comme ça, ça n' s'ra
« rien, j'en ai rêvé toute la nuit, c'est signe de profit,
« ça vous port'ra bonheur. T'nez, v'là justement vot'
« homme qui s'apporte soi seul, vous voyez bien qui n'a
« rien d' cassé, tous ses membres sont à leux places. »
Si vous l'aviez vu, c' pauv' cher homme, queu drôle d' figure il avait! On aurait dit qu'y venait d' respirer dans un lis: il avait encore l' bout du nez tout jaune. Aussi, j' vous l'ai déjà dit, quand on m'y reprendra, il y fera chaud.

JOSSE.
Ah! ma pauv' mam' Piment!
MADAME PIMENT.
Ah! mon cher monsieur Josse!
JOSSE.
Quel drôle d'enterrement!
MADAME PIMENT.
Bon Dieu! quell' triste noce.

LA PLUS FINE CHANSON

ROMANCE.

De Jules CHOUX.

AIR: *Paris s'en va.*

Héroïne de vaudeville,
Sujet de plus d'une chanson,
Tous les émules de Clairville
Me célèbrent à leur façon.
Au loin, certain peuple barbare
M'a franchement en bonne odeur :
En confiture il me prépare
Et me savoure avec ardeur.

C'est moi qu'on nomme *la plus fine* ;
J'ai partout le droit de cité.
Chacun, aux *lieux* qu'il me destine,   } *bis.*
Me rend hommage en liberté.

Mon nom le plus facile à dire
Est à la mode, quoique vieux ;
L'écolier sait à peine lire
Qu'il l'écrit déjà de son mieux.
C'est grâce à lui que l'on se raille
Soi-même, et qu'on se raillera,
Tant qu'on verra sur la muraille :
« M...on nom pour celui qui lira. »
　　C'est moi qu'on nomme, etc.

Comme chacun veut à la ronde,
Me visiter, le *cas* pressant,
Dans toutes les maisons du monde,
J'ai ma chambre au numéro *cent.*
Je possède maint pied-à-terre
Dans les gazons, au bord de l'eau ;
J'ai mon lit dans chaque rivière,
Dans la mer, le Rhône ou le *Pô...*
　　C'est moi qu'on nomme, etc.

Maman, murmurait une fille,
Pardonne, si j'ai pu pécher !
Mais, Lucas me trouvait gentille,
Devais-je hélas ! l'en empêcher ?

Il me serrait sur sa poitrine...
Ah! j'ai lieu de m'en repentir!
Car, si j'eusse été *la plus fine*,
Il n'aurait pas pu me *sentir!*
  C'est moi qu'on nomme, etc.

Que me font noblesse ou roture?
Les humains subissent mes lois:
Pour eux, si parfois je suis *dure*,
Je suis douce et tendre parfois.
Quand vient le temps de la vendange,
Les vins nouveaux, dans leurs rougeurs,
Tiennent la colique en *vidange*...
C'est du *pain* pour mes *vendangeurs!*
  C'est moi qu'on nomme, etc.

De nos grands docteurs, j'ai l'estime,
Car, avec eux, servant la loi,
Je donne la preuve d'un crime
Quand le poison réside en moi!
Je puis montrer aux incrédules
Des papiers où cent mille doigts
Ont, avec les *points* et *virgules*,
Fait l'abrégé de mes exploits.
  C'est moi qu'on nomme, etc.

Tout ici-bas n'est que poussière:
Il faut, le sort le veut ainsi,
Que tout retourne à la *matière*,
Sans finir, j'y retourne aussi.
Mais, pendant que maint grand poëte
Meurt oublié dans la douleur,
Je me dessèche à *La Villette*,
Pour renaître dans une fleur!
  C'est moi qu'on nomme, etc.

Mon nom, que souvent en colère,
Chacun jette à tort ou raison,
A son épouse, à sa portière,
A tous les gens d'une maison,
Les manants dont la race abonde
L'ont à pleine bouche... — Ma foi,
Je l'entends dire à tout le monde
Et ne le prends jamais pour moi.

Car on me nomme *la plus fine*;
J'ai partout le droit de cité.
Chacun, aux lieux qu'il me destine } *bis.*
Me rend hommage en liberté,

IL N'Y A RIEN DE PERDU

Air: *Mariez-vous donc!*

Clara, cette beauté si fière
Qui d'puis longtemps r'poussait mes vœux,
Enfin, la semaine dernière,
N'a pu résister à mes feux
Qu'excitait un vin capiteux ;
Mais, à sa mère qui la gronde
Sur la perte de sa vertu,
Ell' répond: M'man, j'veux peupler l'monde,
    N'y a rien d' perdu !   (*ter.*)

Joyeux apôtres de Grégoire,
Par pitié, plaignez mon voisin,
Car le pauvre homme ne peut boire
Plus de cinq ou six litr's de vin
Sans en perdre en r'gagnant son ch'min.
Un chien, dont l'impôt sur sa race
De ses r'pas a rogné l' menu,
Aval' le renard comme un vorace,
    N'y a rien d' perdu !   (*ter.*)

Les gargotiers qui n' manquent pas d' vice
Et sav'nt fair' fructifier un r'pas,
Sous l' prétext' d'activer l' service,
Enlèv'nt les assiettes, les plats
Que (par bon ton) nous n' torchons pas.
En y joignant l' restant des verres
Dont ils égoutt'nt le cont'nu,
L' lend'main ils font des ordinaires,
    N'y a rien d' perdu !   (*ter.*)

A certain maçon qu' la colique
Martyrisait, l'autre matin,
Le docteur prescrit qu'il s'applique
Un cataplasm' de grain's de lin
Sans en dir' plus au limousin.
Notre homme aussitôt chez lui rentre,
Croyant avoir bien entendu.
Il se met l' cataplasm' dans l' ventre,
  N'y a rien d' perdu ! (*ter*.)

Le jeu d' la Bourse est un' bascule,
Quand l'un monte, l'autre descend ;
Le gagnant joint un' particule
A son nom, tandis que l' perdant
S' voyant ruiné, d' chagrin s' pend.
La misère est l' seul héritage
Qu'à sa famill' laiss' le pendu,
Cell' du gagnant roule équipage...
  N'y a rien de perdu ! (*ter*.)

ALEXIS BADOU.

MAISON SPÉCIALE

A. HURÉ.

LIBRAIRE-ÉDITEUR,

RUE DAUPHINE, 44, PRÈS LE PONT-NEUF.

On trouve dans cette Maison tout ce qui existe de Musique Chant et Airs d'Opéra, publiés en petit format, à 20, 25, 40, 50 et 60 centimes, ainsi que le Catalogue de ces diverses publications. (ÉCRIRE FRANCO.)

Paris — Typographie Chaumont, 6, rue Saint-Spire.

LE FUSILIER MERLUCHON

SCÈNE COMIQUE.

Paroles de É. DURAFOUR.

Musique de M. JANDAR.

La Musique se trouve chez **A. HURÉ**, libraire-éditeur, à Paris, rue Dauphine, n° 44, près le Pont-Neuf.

Sapristi, je n' suis pas un' bête,
Quoiqu'on en dise au régiment,
Beaucoup voudraient avoir ma tête ;
Chacun sait que je suis étonnant,
Ah ! oui, vraiment, ah ! oui, vraiment,
J' suis l' coq du régiment,
Ah ! oui, vraiment, ah ! oui, vraiment,
J' suis le coq du régiment, v'lan !

Chacun admire ma tournure,
Les femmes sont folles de moi,
Je n' sais pas si c'est ma figure,
Qui les enchaîne sous ma loi.

Album du Gai Chanteur. — 3ᵉ vol. 60ᵉ Livraison.

Quand nous passons une revue,
Défilant au bruit du tambour,
On vante ma belle tenue,
On m'appelle le bijou d' l'amour!

(Parlé). Je suis sûr, rien qu'en me voyant, que vous vous dites dans vous-même : Dieu! quel bel homme! Il est vrai que, sous le rapport de la construction z'humaine, la nature n'a point été z'ingrate à mon individu. Natif de Caen, z'en Normandie, pays éminament guerrier, dès ma plus tendre enfance, je promettais de faire un zéro ; si bien qu'après avoir tombé z'au sort, mon frère voulut que je m'engageasse dans la n'infanterie à pied de la ligne, ousque j'occupe une position très-avantageuse dans le milieu, c'est-à-dire dans le centre. Vous me direz : ça dépend beaucoup de l'induction qu'on a t'a yu dans sa jeunesse ; d'ailleurs l'inrudition, c'est m' n'affaire. Quant au courage, c'est z'un détail, attendu qu'il y a beaucoup de personnes décorées au régiment... qui l'ont mérité plus que moi ; j'espère pourtant très-indécessamment l'être aussi d'une paire d'épaulettes de voltigeurs.... A la dernière affaire que nous n'avons pas z'éyu avec les Bédouins, je me suis particulièrement distingué... J'étais t'en faction dans un poste des avancés, lorsqu'un Bédouin il paraît: je me cache ; un second Bédouin il paraît: je me cache encore ; un troisième Bédouin il se montre: je me cache toujours... V'là qu'une tripotée de Bédouins il arrive... Oh! alors pour le coup, me laissant entraîner par mon ardeur guerrière, je me suis ensauvé, criant z'à la garde et au voleur ; ce qui a produit le meilleur effet, pisqu'en arrivant z'au poste, le sergent *Bel-OEil* m'a flanqué z'au clou, disant qu'un homme comme moi ne devait pas s'exposer... En v-là z'une de protection! (Au refrain.)

J' suis t'un malin à l'exercice,
Oui, je manœuvre crânement ;
Malgré que j' n'ai qu'un an de service,
De tous c'est moi le p'us savant.
Je suis un trésor de l'armée,
Aussi je ferai mon chemin ;
Quand il faut faire la corvée,
J'ai toujours le balai z'en main.

(Parlé). C'est ce qui a inspiré au sergent Graine-d'Oignon, ces beaux vers à mon intensilion :

Merluchon, vaillant soldat,
Que la gloire mène en croupe,
Si t'es le dernier z'au combat,
T'es le premier z'à la soupe.

Je crois ces vers zuppés et flatteurs ; aussi je les ai envoyés à mon père, encadrés dans une lettre avec ces mots : « Chers parents, il est question en ce moment « que mon régiment doit quitter Paris promptement « pour se rendre dans un camp ; j'ignore quel camp, si « ce n'est pas un cancan, j'espère sous peu aller à Caen ; « mais je ne puis vous dire quand, bien que j'en brûle, « car Caen sera toujours pour moi un pays infiniment « charmant. Chers parents, envoyez-moi de vos nou- « velles et de l'argent. Votre fils, Merluchon, fusilier « à Paris, le 25 de la courante. » Mon père, qui n'avait pas bien compris l'essence de ma lettre, m'a répondu ceci : « Nous avons t'appris, ta mère et moi, avec beau- « coup de peine, que tu viens d'être fusillé à Paris ; « nous nous sommes cautérisés, ta mère et moi, pour te « faire une petite somme que ta mère t'envoie à mon « insu, dont tu en disposeras comme tu le jugeras con- « venable. Nous te remercions toujours du bon souvenir « que tu as conservé pour nous après ta mort. Nous « finissons en t'embrassant. Ton père, Anastase Merlu- « chon. » Le cher homme n'a pas compris que fusilier il veut dire soldat ; mais je lui pardonne ce *bibroco*, désirant qu'il en commette z'un comme ça par semaine. (Il tappe sur son gousset.) (Au Refrain.)

Rien ne vous refait le physique,
Ni ne vous donne un air fiscal,
Comme le képi z'et la tunique
Qui charment l'œil en général.
Not' cantinière, jeune et jolie,
M'a trouvé si bien l'autre fois,
Qu'en me payant z'un verre d'eau-de-vie,
Elle m'a surnommé Fleur-des-Pois.

(Parlé.) Ce qui voulait dire : Tu m'as tappé dans l'œil ; mais tant pis pour elle, je suis retins. Hier, en me promenant aux Champs des Elusées, sur la place de la Discorde, admirant l'odalisque, je vois venir la petite Françoise, une cuisinière qui m'adore de la guêtre z'au pompon, et qui me tînt ce langage : Si j'aurai cru que t'aurai vénus, je me serai en été, vu que mes maîtres ils m'attendent... Je ne te retiens pas, séduisante colombe, mais je veux te chanter, avant que tu ne t'éloignasses, une romance plaintive et amoureuse que j'ai composée à ton intensilion :

T'as les jambes, comme je vois,
En manches de serpettes,
Et tes cheveux sont d'un beau noir
Comme un paquet d' filasse,
Et bien que tu louch's des deux yeux,
Et que t'as le nez camard :
Eh bien ! d' toutes les femmes,   ⎱ bis.
C'est toi qu'est la mieux.   ⎰

COUPLET DE SENTIMENT.
De notre bourrique ou de toi,
Je ne fais pas de différence,
Car je vous aime tous les deux,
Ce n'est pas un mensonge ;
Et si je meurs dans les combats,
Ne t' fais pas d' chagrin du tout,
J' t'épous'rai tout d' même,   ⎱ bis.
Puis nous s'rons heureux.   ⎰

Avec un esprit comme le mien, je peux bien dire: (AU REFRAIN).

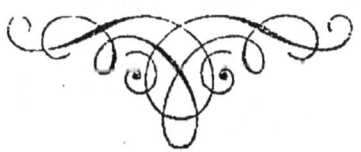

L'AMANTE INCONNUE

CHANSON,

Par PAUL DE KOCK.

Musique de Charles POURNY.

La Musique se trouve chez **A. HURÉ**, libraire-éditeur, à Paris, rue Dauphine, n° 44, près le Pont-Neuf.

Mes chers amis, vous allez rire,
Vous allez vous moquer de moi ;
Je suis amoureux, je soupire,
J'ai de nouveau donné ma foi,
Cependant de celle que j'aime
Je n'ai jamais suivi les pas ;
Et s'il faut vous l'avouer même, } *bis.*
C'est que je ne la connais pas.

Ne croyez pas que je plaisante,
Sa plume a fait naître mes feux ;
Dans ses lettres elle est charmante
Son style me rend amoureux :
Au sentiment, à la finesse,
Elle doit joindre mille appas ;
C'est pourquoi j'y pense sans cesse } *bis.*
Tout en ne la connaissant pas.

Je me la figure bien faite,
Brune ou blonde, ça m'est égal,
De fort beaux yeux, pas trop coquette,
Un nez grec, un front virginal ;
Une voix douce, un air aimable,
Un petit pied, un joli bras...
Je puis bien la faire adorable, } *bis.*
Puisque je ne la connais pas.

Pourtant une crainte m'obsède
Et trouble mes rêves d'amours :
Elle est peut-être vieille et laide,
Celle à qui je pense toujours.
Alors, illusion chérie !
Je te perdrais ; ah ! dans ce cas,
Tâche toujours, ma chère amie, } *bis.*
Que je ne te connaisse pas.

LE CREDO DU TRAVAILLEUR

CHANSON.

Paroles d'ARTHUR LAMY, Musique d'A. LAGARD.

La Musique se trouve chez **A. HEUGE**, libraire-éditeur, à Paris,
rue Dauphine, n° 44, près le Pont-Neuf.

Pour tous trésors, je n'ai sur cette terre
Que mon enfant, ma femme et mes deux bras ;
Je vis heureux, content de mon salaire,
Quand le travail, hélas ! ne manque pas.
J'ai vu chez moi la haine et la vengeance,
Me dire : viens, tous tes maux sont finis ;
J'ai répondu : là-haut, j'ai confiance ;
Je crois en Dieu, j'espère en l'avenir. } *bis.*

Je ne crois pas à l'affreuse discorde
Pour adoucir le sort des travailleurs,
Et profitant de ce qu'on nous accorde,
Instruisons-nous, nous deviendrons meilleurs.
Je crois, je crois le champ bien large encore,
Avec du cœur bien vite on peut grandir ;
Je crois, je crois que le travail honore,
Je crois en Dieu, j'espère en l'avenir. } *bis.*

Je crois, je crois à l'éternelle flamme
Qui resplendit sous le nom de progrès ;
Je crois bientôt voir briller l'oriflamme,
Portant ces mots : UNIVERSELLE PAIX.
Je crois, je crois que nous sommes sur terre
Pour nous aimer et non pour nous haïr ;
Je crois l'amour plus puissant que la guerre,
Je crois en Dieu, j'espère en l'avenir. } *bis.*

VIVE LE VIN

CHANSON BACHIQUE.

De J. D. DOCHE.

La Musique se trouve chez **A. HURÉ**, libraire-éditeur, à Paris, **rue Dauphine, n° 44, près le Pont-Neuf.**

Vive le vin !
Vive ce jus divin !
Je veux jusqu'à la fin
Qu'il égaye ma vie.
Petit ou grand,
Un homme est toujours franc,
Loyal et bon vivant,
S'il boit sec et souvent.
S'il boit (*ter*) sec et souvent. (*bis.*)

A mon amie
Jeune et jolie,
Moi je consacre et l'amour et le vin.
Joyeuse vie,
Point d'insomnie,
Aimons tous deux, buvons jusqu'à demain,
Mon Adèle,
Toute belle,
Bois gaîment de ce jus divin ;
Avec elle,
Moi près d'elle,
Nous chantons ce joyeux refrain :
Vive le vin ! etc.

Qu'épris de ses attraits,
D'autres chantent Glycère ;
Je ris de leurs couplets,
Je n'aimerai jamais.
Au comble de mes souhaits,
Quand je remplis mon verre,
Je savoure à longs traits
Tous les plaisirs parfaits.
Vive le vin ! etc.

Quelle folie,
Quelle manie,
De préférer l'amour à ce bon vin ;
Triste insomnie,
Tourment, folie,
Voilà le lot d'un amoureux destin.
Haute gloire
Et victoire
A Bacchus, père du raisin !
Cent bouteilles
Des plus vieilles,
A celui qui fit ce refrain :
Vive le vin ! etc.
Versant donc à longs traits,
Quand je remplis mon verre,
Nargue des freluquets !
Je dis : N'aimez jamais.
Et, près d'elle buvant,
Je vois, vidant mon verre,
L'amour, en badinant,
Lever son voile blanc.

Vive le vin !
Vive ce jus divin !
Je veux jusqu'à la fin
Qu'il égaye ma vie,
Petit ou grand.
Un homme est toujours franc,
Loyal et bon vivant,
S'il boit sec et souvent.
S'il boit (*ter*) sec et souvent. (*bis.*)

REVIENS, JE T'AIME ENCORE.

ROMANCE.

Paroles d'ARTHUR LAMY, Musique de C. POURNY.

La Musique se trouve chez **A. HURÉ**, libraire-éditeur, à Paris, rue Dauphine, n° 44, près le Pont-Neuf.

Dans le ciel pur scintille l'étincelle,
L'heure a sonné la prière du soir ;
Allez, enfants, la cloche vous appelle,
Moi seul je reste avec mon désespoir.
Toi que j'aimais d'une flamme insensée,
Tu m'as trahi pour quelques bijoux d'or ;
Pourtant toi seule est là dans ma pensée :
Reviens, Jenny, reviens, je t'aime encor ;
    Je t'aime encor,
  Reviens, je t'aime encor.

On te promit le luxe, la richesse,
De la grandeur les doux enivrements,
Et sans pitié pour ma vive tendresse,
Tu trahis tout, foi, promesses, serments.
Tu le suivis, ce riche de la terre,
Il me vola mon bonheur, mon trésor ;
Moi, je n'avais que mon amour sincère :
Reviens, Jenny, reviens, je t'aime encor,
    Je t'aime encor,
  Reviens, je t'aime encor.

Quand sur la tombe où repose ta mère,
Près du saint lieu, tu m'accordas un soir
Un tendre aveu, je te croyais sincère ;
Mais ton départ a brisé mon espoir.
Si quelque jour tu viens au cimetière
Près de la croix qui vit nos rêves d'or,
Prie à genoux, prie sur l'humble pierre :
Jenny, je meurs, je meurs et t'aime encor,
    Je t'aime encor,
  Je meurs et t'aime encor.

TABLE
DES
CHANSONS, ROMANCES, CHANSONNETTES et SCÈNES COMIQUES

Contenues dans le troisième volume de

L'ALBUM DU GAI CHANTEUR.

41ᵉ Livraison.

Les Ficelles du monde, chansonnette.	1
Les Canotiers du La-i-tou, chanson.	3
Comme on fait son lit, chanson.	4
Suzette.	6
Turlututu, chanson.	7
Evadons-nous, v'là la comète, chansonnette comique	10

42ᵉ Livraison.

Robinson, chansonnette.	13
La Révolte des femmes.	15
Tant pis, n' fallait pas qu'il y aille, chanson-proverbe.	16
Béranger,	18
Reparodie du Voyage aérien.	19
Les petites Misères d'un professeur, chansonnette.	21

43ᵉ Livraison.

Revue des Théâtres et Acteurs de Paris.	25
Le petit Nègre libre, chanson créole.	29
L'Honneur et l'Argent.	30
Si vous n'êtes pas contents, vous n'êtes pas raisonnables, chanson.	31
Ghil-Blas, sérénade auvergnate.	33
Un de plus ou le nouveau Marié, chansonnette.	34

44ᵉ Livraison.

Tron-de-l'Air ou le Conteur de zolies zozes, scèn. com.	37
Hier et Aujourd'hui, duo-complainte	41
La Ronde du Dimanche	42
Le Vin de France, ronde épicurienne.	43
Troulala, balançoire.	45
Vente et Saisie, parodie.	46
A propos du Percement de l'Isthme de Suez, bluette.	47

45ᵉ Livraison.

La Grammaire de Baguasse, scène comique.	49
Voguons, la mer est belle.	53
Le Bijou des Dames, chansonnette.	54
Ronde des Chiffonniers.	55
J'ai cinquante ans, romance.	57
Les Baisers d'une Mère, chanson.	58
V'là comme j'aime, chansonnette.	59

46ᵉ Livraison.

Le Paradis perdu, pot-pourri biblique.	61
Dig, Dog, chanson à boire.	64
Le Baptême de l'Immortel.	66
La Vie à vingt ans, ronde latine.	67
Le Mendiant, mélodie.	69
Les quatre Ages de Lisette.	70
La Fête de Lachambeaudie, chant.	71

47ᵉ Livraison.

Vous allez voir ce que vous allez voir, scène comique.	73
Les Gants d'peau d'chien, actualité.	78
Coraly et Vipérine ou les Fées, conte.	79
Les Femmes sont des Loups, mensonge en cinq coupl.	81
Le Dimanche de l'Ouvrier, chansonnette.	82
Les Tribulations d'un Locataire, chansonnette comiq.	83

48ᵉ Livraison.

Ma Lisette, quittons-nous, romance.	85
Le Printemps, chanson.	87
Les Souvenirs, romance.	88
La Favorite du Sultan, chant oriental.	89
Ta Mère.	90
Le Refrain des Petits Agneaux.	91
Il faut s'entr'aider sur la terre, romance.	93
L'Eté, chanson.	94
Le Bois de Vincennes.	95

49ᵉ Livraison.

Fricandeau à la reprise de la Tour de Nesle, parodie.	97
Les Cheveux blancs.	104
La Vie à la vapeur, chanson.	105
Les Yeux bleus de Marguerite, romance.	106
Les Cimetières, ronde à danser.	107

50ᵉ Livraison.

Cadet Buteux au Jardin Turc, pot-pourri.	109
Jean-Bart, scène dramatique.	115
La Chanteuse des rues, romance dramatique.	116
La Foi, l'Espérance et la Charité.	117
Discours inédits du Révérend Père Gorenflot.	118
Le petit Manteau bleu.	119
Amour.	120

51ᵉ Livraison.

Ah! ça, Casimir, chansonnette.	121
Mariez-vous, chanson de noce.	123
Le Tourniquet, chanson.	124
La Tonne ou la Réalité, chanson de table.	126
Le Déluge, chanson.	127
Le Rêve d'un buveur, chanson bachique.	129
Mon Rêve le plus doux, romance.	130
Il faut se résigna, fouch'tra.	131

52ᵉ Livraison.

Pillou, le fusilier du 101ᵉ, chansonnette comique.	133
La Nonne.	137
La Banque des malheureux, légende.	138
Plus on est d'amis, plus on boit, chanson de table.	139
Le Faux-Col de Bastien, chanson.	141
Requête des Propriétaires, chanson.	143

53ᵉ Livraison.

La Chanson de l'Aveugle.	145
Blonde Enfant.	147
Qu'est-ce que je voulais donc dire? chansonnette.	148

Le Vent du désert, chant dramatique.	156
Le Chevalier de Plume-au-Vent.	153
Après la Moisson, villageoise.	154
L'Arrivée de Nigaudin à Paris, chansonnette comique.	115

54e Livraison.

Elle est au ciel, mélodie.	157
La Plainte du Noir.	159
La Marchande de Chansons, chansonnette.	160
Valsons, valsons.	161
Espérance, romance.	162
La Gloire et la Fortune ou le Rêve d'un pauvre diable, chanson.	163
Dis-moi ton nom si doux, romance.	164
Le Retour de Nigaudin dans sa famille, chanson. com.	166

55e Livraison.

La Rencontre, chansonnette.	169
L'Automne, chanson.	171
Le Lis.	172
Le Chevalier-Errant, chanson.	174
La Mère Chopine, chanson.	175
Dialogue du Vin et de l'Eau, chanson bachique.	177

56e Livraison.

Sur un Tonneau, chanson bachique.	182
Le Rêve d'un Soldat.	183
La Création.	184
L'Arabe et son Coursier, romance.	186
La Tour de Babel, chanson.	187
L'Hiver.	190
L'Éloge de l'Eau.	191

57e Livraison.

On est bien forcé d'être honnête, chansonnette.	193
Le Buveur, chanson.	195
Jean Houblon.	196
La Vie des Fleurs, mélodie,	198
J' sis dans l' panneau, scène comique.	199
La Partie de Domino, chanson.	203

58e Livraison.

Trois Lettres d'un Conscrit Auvergnat, chansonn. com.	205
Les Plaintes de l'Aveugle.	209
La Mort du Christ.	210
Le Tambourin, pastorale.	211
Adieu, mes cinq francs, chanson.	212
Le Temps, chanson.	215

59e Livraison.

La Noce et l'Enterrement, scène comique.	217
La plus fine Chanson, romance.	225
Il n'y a rien de perdu.	227

60e Livraison.

Le fusilier Merluchon, scène comique.	229
L'Amante inconnue, chanson.	233
Le Credo du Travailleur.	234
Vive le Vin, chanson bachique.	235
Reviens, je t'aime encore.	237

FIN DE LA TABLE.

Paris. — Typ. Chaumont, 6, rue St-Spire.

www.ingramcontent.com/pod-product-compliance
Lightning Source LLC
Chambersburg PA
CBHW060118170426
43198CB00010B/939